Dieter Höss

NEPAL

DIETER HÖSS

NEPAL

Menschen und Landschaften am Great Himalaya Trail

Tyrolia-Verlag · Innsbruck-Wien

INHALT

VORWORT

Eigentlich wollte ich gar nicht nach Nepal. Indien war mein Ziel. Als Bub hatte ich ein Quartett mit Bildern von Indien bekommen, das mich fasziniert hat, später waren es die Bücher von Rudyard Kipling wie „Kim“. Dann hörte ich, dass die Beatles – wie Tausende andere Hippies – aus Europa nach Rishikesh gereist waren, wo der Ganges den Himalaya verlässt und sich in die indische Ebene ergießt. Eine Reihe von Zufällen änderte meine ursprünglichen Pläne und Vorstellungen, und schließlich war es nicht zuletzt die Möglichkeit, Wurmkrankheiten in Nepal zum Thema meiner Dissertation zu machen, der meinen Entschluss, nach Nepal aufzubrechen, endgültig besiegelte.

Aus dem VW Variant, mit dem wir ursprünglich losfahren wollten, wurde schließlich ein Landrover, den wir notdürftig ausbauten, um dann Anfang Oktober 1969 von Tirol aus nach Osten zu starten. Über Jugoslawien und den Bosporus ging es durch die Türkei, deren große Durchgangsstraßen in den östlichen Landesteilen damals weitgehend nicht asphaltiert waren, bis in den Iran. Nach Teheran und der Schwarzmeerküste kamen wir schließlich durch Afghanistan, seinerzeit ein wildes, aber letztendlich friedliches Land – keine Spur von Taliban oder IS-Kämpfern. Weiter quer durch Pakistan und Nordindien: Delhi, Agra, Benares und schließlich Patna, wo es eine Brücke über den Ganges gab. Weiter nach Raxaul, zur indisch-nepalischen Grenze. Zwei weitere Tage brauchten wir noch, um schließlich Kathmandu zu erreichen, auf dem Tribhuvan Rajpath, einer schmalen, extrem kurvenreichen Straße, die voller Schlaglöcher war und kaum eine Gelegenheit bot, die schleichenden Lastwagen zu überholen. Sechs Wochen sind wir mit dem Auto unterwegs gewesen und hatten 12.000 Kilometer hinter uns gebracht.

Da ich in München studierte, bekam ich ein kleines Stipendium des Deutschen Akademischen Austauschdienstes (DAAD) und konnte im Nepal Research Centre, dem sogenannten Thyssen-Haus, wohnen. Dort lernte ich mehrere Wissenschaftler aus Deutschland und Österreich kennen und konnte wertvolle Kontakte für meine Arbeit knüpfen. Meine Untersuchungen konnte ich in verschiedenen kleinen Krankenhäusern und Gesundheitsposten in Kathmandu und auf dem Lande machen. Die Ergebnisse waren die Grundlage meiner Dissertation, die dann auch in der Reihe „Khumbu Himal“ der Arbeitsgemeinschaft für vergleichende Hochgebirgsforschung erschien.

Neben der Arbeit hatte ich Gelegenheit zu ersten Trekkingtouren, die mich in das Kali-Gandaki-Tal sowie nach Jiri und Solu führten.

Nepal 1969 – das war wie aus der Zeit gefallen. Erst wenige Jahre vorher waren die Grenzen geöffnet worden, um ein paar Bergsteiger, Wissenschaftler und die ersten Touristen ins Land zu lassen. Ein Hauch von Shangri-La zog Aussteiger und kiffende Hippies ebenso an wie naturbegeisterte Wanderer oder kulturhistorisch interessierte Besucher. Nepal 1969: Das war auch ein Blick zurück in eine noch lebendige hochstehende städtische Kultur, die erstklassige Kunstwerke und philosophische Schulen hervorgebracht hatte und erst dabei war, sich unsere westlichen Errungenschaften anzueignen und sie zu bewältigen.

Dass Nepal für mich Liebe auf den ersten Blick war, hat sicher auch mit meiner Kindheit und Jugend in Tirol zu tun. Die Parallelen, wie die Menschen in den Bergen, sei es in den Alpen oder im Himalaya, Mittel und Wege gefunden haben, unter zum Teil widrigen Umständen und mit enormem körperlichen Einsatz, der Natur das Lebensnotwendige abzutrotzen, haben mich von Anfang an besonders fasziniert. Oft entwickeln sich aus lokalen Gegebenheiten und Notwendigkeiten weitgehend gleichartige Ergebnisse, ohne dass ein kultureller Austausch stattgefunden hat.

Dieses Land zu Fuß kennenzulernen, machte mir auf Anhieb so viel Freude und weckte mein Interesse, dass ich in den letzten 45 Jahren immer wieder nach Nepal kam (die weiteren Male allerdings mit dem Flugzeug). Ich hatte das große Glück, dass sich meine Frau Ina sehr schnell von meiner Begeisterung anstecken ließ, und so durchwanderten wir gemeinsam – nach und nach – auf zahlreichen Trekks praktisch die gesamte nepalische Himalayakette (bzw. ihre Vorberge) in ihrer ganzen Ost-West-Ausdehnung.

Für Jakob, Nina, Moritz und Frieda,
die vielleicht eines Tages auf den Spuren des Großvaters
ein Nepal erkunden werden,
das sich dann noch mehr gewandelt haben wird als zwischen 1969 und 2017.

Und Nepal fasziniert bis heute: Es gibt wohl weltweit kein anderes Land, das auf so engem Raum eine derartige Abwechslung bietet – sowohl in landschaftlicher wie in kultureller Hinsicht: subtropische Verhältnisse im Terai und dahinter in Sichtweite die schneebedeckte Kette der Achttausender! Die Vielfalt des Völkergemisches ist einzigartig. Von tibetisch-stämmigen Nomaden im Norden bis zu den Indoariern im Süden hat sich in einzelnen Tälern über Jahrhunderte eine Unzahl ethnischer Gruppen herausgebildet, die nicht weniger als 124 verschiedene anerkannte Sprachen und Dialekte sprechen. Die Unzugänglichkeit der Gebirgsregionen hat immer wieder einzelnen Stämmen Zuflucht und Schutz vor Krieg und Verfolgung geboten. Das friedliche Zusammenleben der verschiedenen Ethnien und die religiöse Toleranz der gleichzeitig tiefgläubigen Buddhisten und Hindus haben zu religiösen Mischformen und einem Miteinander geführt, die beispielgebend für andere Gesellschaften sein könnten. Die Freundlichkeit der Menschen ist selbst für ein asiatisches Land ungewöhnlich, und in all den Jahren habe ich mich nie unsicher oder bedroht gefühlt.

So bot jede einzelne Reise nach Nepal neue Facetten, und es war faszinierend, die Entwicklung dieses Landes aus fast mittelalterlichen gesellschaftlichen Strukturen bis in die moderne Gegenwart – wenn auch häufig mit einem weinenden Auge – beobachten und dokumentieren zu können. Obwohl in den letzten Jahren vermehrt Straßen gebaut und viele andere Infrastrukturmaßnahmen durchgeführt wurden und heute das Handy auch auf dem Land gang und gäbe ist, herrscht in weiten Teilen Nepals immer noch eine für unsere Verhältnisse unvorstellbare Armut; fast ebenso unvorstellbar ist die Bescheidenheit und wohl auch weitgehende Zufriedenheit, mit der die Menschen diese Lebensumstände meistern. Betteln haben Kinder erst von westlichen Touristen gelernt, die unbedacht Almosen verteilen, um ihr schlechtes Gewissen zu beruhigen. Es wäre sinnvoller, solche Zuwendungen in Bildungsprojekte zu stecken, die es inzwischen landauf, landab gibt. So haben wir uns vor Jahren entschlossen, das Schulprojekt „Kinder von Bhandar" zu unterstützen, das inzwischen von der Organisation „Childaid Network" gemanagt wird. Mithilfe von Freunden und anderen Unterstützern konnten wir ausreichend Mittel aufbringen, um davon fünf Schulen im ländlichen Bereich zu errichten und – was besonders wichtig ist – auch die Gehälter qualifizierter Lehrer zu garantieren. Nur über eine bessere Schulbildung ist eine vernünftige Entwicklung auf Dauer möglich, auch wenn diese zunächst sogar die Landflucht beschleunigt, da hauptsächlich in den Ballungsgebieten berufliche Chancen außerhalb der Landwirtschaft existieren. Es zeigt sich aber, dass viele Menschen mittel- und langfristig in ihre Heimatregionen zurückkehren und dort zukunftsweisende Initiativen ergreifen.

Die Hoffnung, auch in abgelegenen, teilweise bisher vergessenen Gebieten Jobs und Verdienstmöglichkeiten zu schaffen, war auch einer der Grundgedanken zur Entwicklung des Projektes „Great Himalaya Trail". Das Ziel ist, auch abseits der bisherigen touristischen Hochburgen wie Kathmandu, Pokhara, der Annapurna-Runde und dem Everestgebiet langsam eine touristische Infrastruktur entstehen zu lassen, die der lokalen Bevölkerung einen Nebenerwerb und ein Einkommen ermöglicht. Nicht alle Entwicklungen, die mit dem Tourismus einhergehen, mögen unproblematisch sein, aber sie bieten dennoch eine Perspektive, die der drohenden Entvölkerung der Bergdörfer und dem unkontrollierten Anwachsen der Region um Kathmandu entgegenwirkt. So komplex die Problematik auch ist, fest steht, dass Trekken eine denkbar sanfte Art von Tourismus bildet und die großartigste Möglichkeit ist, Nepal in seiner ganzen Schönheit und Vielfalt zu erleben. Viel Freude beim Entdecken einer Welt, die auch im 21. Jahrhundert in ihrer archaischen Schönheit wie aus der Zeit gefallen scheint!

Dieter Höss
Thiersee in Tirol, im Frühling 2017

NEPAL ZU FUSS ENTDECKEN

Vor 50 Jahren besuchten pro Jahr einige Tausend Touristen das Land. Die Zahl für 2016 ist 729.550! Davon kommen jeweils über 100.000 Besucher aus Indien bzw. inzwischen teilweise auch aus China und etwa 24.000 aus dem deutschsprachigen Raum.

Für Nepal, das fast keine Bodenschätze aufzuweisen hat, nur wenige Güter für den Export anbieten kann und bei der steigenden Bevölkerungszahl selbst Lebensmittel importieren muss, ist der Tourismus eine geradezu lebensnotwendige Devisenquelle und wird es noch für lange Zeit bleiben. Der moderne Trekkingtourismus geht zurück auf Colonel Jimmy Roberts, einem in Indien aufgewachsenen Engländer, der dort in den Militärdienst eintrat und auf diese Weise als Offizier eines Gurkha-Regimentes sich nebenbei seinen sportlichen alpinistischen Zielen widmen konnte. Er war Mitglied zahlreicher Expeditionen in den Himalaya und führte auch eine Reihe von Erstbesteigungen durch. 1958 wurde er britischer Militärattaché in Kathmandu, und als Nepal schließlich seine Grenzen auch für Touristen öffnete, kam er 1964 auf die Idee, „Mountain Travel Nepal" – die erste (und heute noch existierende) Trekkingagentur – zu gründen. Roberts eröffnete damit zahlungskräftigen Gästen die Möglichkeit, Berg- und Wandertouren in teilweise unbewohnten Gebieten zu unternehmen, und stellte ihnen dazu eine Basisausrüstung und Verpflegung sowie eine Begleitmannschaft von Trägern und Führern zur Verfügung. Das erste auf diese Weise durchgeführte kommerzielle Trekking war ein Besuch der Everest-Region durch drei Damen aus den USA im Jahre 1965. Bis dahin waren es entweder Wissenschaftler oder Bergsteiger, aber nicht neugierige Touristen gewesen, die sich aufgemacht hatten, dieses faszinierende Land zu erkunden.

Trekkingvarianten

In der klassischen, von Roberts eingeführten Version unternimmt man unter der Leitung eines verantwortlichen Führers mit einer Gruppe von Trägern, die die gesamte Ausrüstung mit Zelten, Küchenequipment und Verpflegung (da sind dann schon mal 100 Kilo Reis dabei) transportieren, eine meist mehrwöchige Bergwanderung. Früher wurde Holz gesammelt, auf einem kleinen Feuer gekocht und die Notdurft hinter einem Busch oder Felsvorsprung verrichtet. Heute muss zum Kochen und Wasserwärmen Petroleum mitgenommen werden. Die Mahlzeiten werden in einem geräumigen Essenszelt eingenommen, das gleichzeitig der Mannschaft für die Übernachtung dient, und ein Toilettenzelt (eventuell auch mit Toiletten-Klappstuhl) über einem ausgehobenen Erdloch sorgt für Hygiene.

Geleitet werden diese manchmal expeditionsgleichen Unternehmen von einem *Sirdar*, häufig aus dem Volk der Sherpa, unterstützt von einem *Assistent-Guide*. Diese beiden sind für die gesamte Organisation zuständig, von der Auswahl der Zeltplätze über die Verteilung der Lasten und Bezahlung der Träger bis hin zur Lösung von unerwartet auftretenden Problemen.

Wer bisher mit seinem zwölf oder auch 20 Kilo schweren Rucksack in den Alpen unterwegs war,

Eine Almwiese mit Blick auf die Annapurna-Kette: Braucht es mehr für einen perfekten Übernachtungsplatz? Nur in abgelegenen Gebieten ist freies Campen noch möglich. Bei den etablierten Trekks gibt es häufig schon ausgewiesene Campgrounds, meist in der Nähe oder im Hof einer Lodge.

Im straßenlosen Gelände geht ohne den Einsatz von Trägern gar nichts: Alle Arten von Lasten, so auch diese schweren Wellblechrollen, werden in Nepal seit alters her und wohl auch noch in nächster Zukunft getragen.

nur mit dem Allernötigsten ausgerüstet und der Möglichkeit, spätestens nach ein paar Tagen die Vorräte wieder aufzufüllen, dem fällt die Vorstellung meist schwer, sich von zierlichen Nepalis, manchmal auch Frauen oder betagten Männern, schwere Lasten schleppen zu lassen. In Nepal hat das Tragen von Lasten aber nach wie vor eine andere Bedeutung.

Die Kultur des Lastentragens

Die überwiegende Anzahl der Dörfer ist nach wie vor nur zu Fuß erreichbar. Pferd und Wagen sind unbekannt, Lasttiere wie Ponys, Mulis oder Yaks oft unerschwinglich in der Anschaffung und zu teuer im Unterhalt. Viele Wege wären für diese Tiere auch zu steil und zu schmal! Seit Jahrtausenden ist es hier völlig selbstverständlich, dass sämtliche Güter des täglichen Gebrauches auf dem Rücken bzw. mit Stirnriemen (*Namlo*) und dem traditionellen Tragekorb aus Bambus (*Doko*) befördert werden müssen. Häufig sieht man am Wegrand Rastplätze, die ergonomisch so angelegt sind, dass die Träger ihre Lasten in der entsprechenden Höhe abstellen können. Oft sind diese *Chautara* genannten viereckigen Areale unter einem mächtigen Banyan-Baum (*Ficus benghalensis*), Pipal- oder Bodhi-Baum (*Ficus religiosa*) angelegt. Unter einem Bodhi-Baum soll Buddha erleuchtet worden sein. Die Frauen versorgen den Haushalt, schleppen Brennholz, holen Wasser und gewaltige Bündel mit Futter für die Tiere. Auch Bauholz und Steine zum Hausbau müssen oft über weite Strecken herangeschafft werden. Im Khumbu-Gebiet habe ich Träger zur Versorgung der Lodges gesehen, die – nachgezählt – zehn mal zehn Flaschen mit je einem Liter Trinkwasser schleppten, also 100 Kilo, wobei diese Schwerstarbeiter selbst sicher nicht viel mehr als 60 Kilo wogen!

Die Trekkingagenturen achten darauf, dass Träger heute nicht mehr als 20 bis 25 Kilo tragen müssen – für lokale Verhältnisse sicher nicht überladen, auch wenn jeder von uns mit solchen Lasten in Kürze in die Knie gehen würde. Die Entlohnung liegt deutlich über dem, was sie für eine vergleichbare Arbeit bei anderen nepalischen Arbeitgebern verdienen würden. Von der Sklavenarbeit, die junge Nepalis heute in den Emiraten leisten, ganz zu schweigen.

Alle vertrauenswürdigen Trekkingagenturen schließen für ihre Mitarbeiter und auch für die Träger Versicherungen ab, um sie im Krankheits- oder Unglücksfall wenigstens finanziell abzusichern. Man sollte sich das von der Agentur immer bestätigen lassen. Ang Kami, der Eigner der Trekkingagentur, auf die wir seit vielen Jahren vertrauen, hat für seine Leute sogar eine betriebliche Altersversorgung geschaffen!

Bei der Umrundung des Dhaulagiri trafen wir zwei Trekker aus Sachsen. Sie kämpften sich auf 5000 Metern mit ihrem schweren Gepäck knapp unterhalb des Passes allein voran. Als sie unsere Begleitmannschaft sahen, beschimpften sie uns, das sei nicht nur unsportlich, wir würden uns auch wie imperialistische Ausbeuter aufführen. Die Träger verstanden diese Auseinandersetzung natürlich nicht, konnten aber wohl aus Mimik und Gestik ihre Schlüsse ziehen. Einer der Träger spuckte aus und meinte: „Die wollen uns kein Geld verdienen lassen. Die wollen nur billig unser Land sehen." So unterschiedlich kann die Sicht auf die Dinge sein!

Wenn jemand Bedenken hat, einen Nepali dafür zu bezahlen, dass er für ihn 25 Kilo auf 3000 oder auch 5000 Meter Höhe trägt, sollte er konsequenterweise auch seine gesamte Outdoor-Ausrüstung daraufhin untersuchen, unter welchen

KLEINE LANDESKUNDE

Nepal erstreckt sich von der Grenze zu Sikkim im Osten über eine Länge von etwa 900 Kilometern entlang der Himalaya-Hauptkette, die einen Teil seiner Nordgrenze zu Tibet bildet, bis zum indischen Garhwal im Westen. Hier liegen acht der zehn höchsten Berge der Erde, teilweise nur etwa 100 Kilometer weiter südlich geht das Tiefland des Terai in die Ganges-Ebene auf ca. 70 Metern Meereshöhe über. Die Breite des Landes schwankt zwischen 150 und maximal 250 Kilometern – Nepal bildet demnach ein langgezogenes Rechteck. Die Gesamtfläche von 147.000 Quadratkilometern entspricht in etwa der Größe Österreichs plus Bayern. Seit 2008 ist das ehemalige Königreich eine parlamentarische Republik.

Der Imperialismus der europäischen Großmächte und deren Bestreben, auf allen Erdteilen Kolonien zu erwerben, hat nur wenige Länder verschont. Aufgrund seiner unzugänglichen Lage, der Wehrhaftigkeit seiner Einwohner und des taktischen Geschicks seiner Herrscher blieb dieses Schicksal Nepal erspart. Die Offenheit und Freundlichkeit der Nepalis hat sicher auch etwas damit zu tun, dass sie sich nie einer fremden Macht beugen mussten.

Hauptsächlich im dicht besiedelten Mittelland der Siwaliks (1500 m) und der Mahabharat-Kette (bis 3000 m) sowie im Terai drängen sich inzwischen über 28 Millionen Nepalis, während weite Gebiete im Hochgebirge ebenso unbewohnt sind wie die Urwälder des Tieflandes. Hier wird aber immer mehr gerodet, um neues Ackerland zu gewinnen. Dagegen wird das extrem fruchtbare Becken von Kathmandu immer dichter besiedelt. Aus den drei Königsstädten Kathmandu, Patan (Lalitpur) und Badgaon (Bhaktapur) ist inzwischen ein riesiges Häusermeer ohne geplante Infrastruktur geworden, das sich auch in den Außenbezirken über die angrenzenden Hügel hinaus ausdehnt.

Der 2500 Kilometer lange Himalaya verdankt seine Entstehung der tektonischen Verschiebung und Kollision des indischen Subkontinents mit der asiatischen Festplatte. Seit 50 Millionen Jahren schiebt sich Indien immer weiter unter das Hochland von Tibet und wölbt dabei den Himalaya nach oben. Auf diese Weise wächst der Mount Everest stetig um ca. zwei Zentimeter im Jahr. Gewaltige Erdbeben wie 2015 – und davor 1934 – sind die spürbaren Zeichen dieser geologischen Aktivität. Die Geologen sind sich noch nicht einig, ob das letzte Beben den Everest weiter angehoben hat oder ob er dadurch geschrumpft ist. 2017 wird eine indisch-nepalische Neuvermessung durchgeführt. Vor Urzeiten erstreckte sich das riesige Tethysmeer, wo sich heute die höchsten Berge der Erde erheben. Die großen Flusssysteme, die nördlich des Himalaya entspringen, wie Indus und Brahmaputra, aber auch Arun, Kali Gandaki und Trisuli, sind älter als die Berge, die sie jetzt mit ihren Schluchten durchschneiden.

Über Jahrtausende boten die schroffen und tief eingeschnittenen Täler im Himalaya den verschiedensten Volksgruppen aus dem Norden und Süden die Möglichkeit, sich vor Invasoren schutzsuchend zurückzuziehen und so zu überleben.

Die einfache Hütte bietet Schutz für die Träger- und Küchenmannschaft und bildet für uns eine Frühstücksterrasse mit Blick auf den Lamjung Himal.

Bedingungen sie in China, Vietnam, Malaysia oder Bangladesch hergestellt wurde. Man stünde dann ziemlich bald nackt da …

Es ist üblich, jedem Einzelnen der gesamten Mannschaft am Ende des Trekks ein gutes *Bakschisch* (Trinkgeld) zu geben – mindestens einen Tageslohn pro Woche Arbeit, je nach Engagement auch mehr. Ich habe häufig einzelne Träger gefragt, was sie mit dem Geld anfangen wollen. Wenn mir dann geantwortet wurde, er könne sich nun eine zusätzliche Kuh kaufen oder ein weiteres Stück Land erwerben, hatte ich persönlich kein schlechtes Gefühl dabei.

Eine andere Möglichkeit ist das Lodge-Trekking, bei dem man jeweils in mehr oder weniger einfachen Lodges, meist in den Dörfern, übernachtet und dadurch weder Zeltausrüstung noch Nahrungsmittel mitzunehmen braucht. Die restliche persönliche Ausrüstung mit wetterfester und warmer Kleidung addiert sich trotzdem schnell zu einem Rucksack mit zwölf bis 15 Kilo Gewicht. Viele nehmen sich deshalb auch beim Lodgetrekking einen „Porter cum guide" mit, also einen jungen Mann, der ein bisschen Englisch spricht, ortskundig ist und einem darüber hinaus den Rucksack oder einen Teil des Gepäcks trägt. Vorteilhaft ist hierbei auch, dass er in den Lodges, die über Handy erreichbar sind, ein Quartier vorbestellen kann, sodass man abends nicht mit einem Notlager vorlieb nehmen muss. Aber auch ohne einen derartigen Guide findet man sich auf den viel begangenen Routen mit einer guten Wegbeschreibung, Karten und GPS-Daten meist gut zurecht. Die Annapurna-Runde und der Everesttrekk sollten in dieser Hinsicht zumindest keine Schwierigkeiten machen. Auch im Langtang-Gebiet und in Helambu sollte man sich nicht mehr verlaufen.

Wer den Kontakt zur Bevölkerung sucht, wird die Möglichkeit des sogenannten Homestay nutzen, die immer häufiger angeboten wird: Man kann dabei seinen Schlafsack in einer Ecke des Hauses ausrollen und mit der Familie das Essen teilen. Dazu sollte man allerdings ein halbwegs stabiles Verdauungssystem mitbringen und auch den einen oder anderen Flohstich einkalkulieren. Aber es sind unvergleichliche Erlebnisse und Begegnungen garantiert!

Natürlich ist das alles auch eine finanzielle Frage: Wenn man sich den Trekk nicht über ein europäisches Reiseunternehmen „von der Stange kauft", sondern selbst über das Internet oder erst in Kathmandu vor Ort organisiert, kann man natürlich Geld sparen und wesentlich individueller agieren. Bei der klassischen, von einer Mannschaft begleiteten Version mit „Vollpension" und 24-Stunden-Betreuung muss man mit Kosten von 50 bis 70 Dollar pro Teilnehmer und Tag rechnen. Man hat dann aber auch eine Agentur in Kathmandu im Hintergrund, die sich jederzeit bei problematischen Situationen einschalten und einem aus der Patsche helfen oder gegebenenfalls Hilfe organisieren kann. Sollte zum Beispiel ein Rettungsflug notwendig sein, startet der Helikopter erst, wenn Bargeld auf dem Tisch liegt. Das lässt sich alleine aus einem abgelegenen Bergtal ziemlich schwer organisieren.

Ein „Porter cum guide" verlangt ca. 20 bis 30 Dollar pro Tag, alles inklusive. Dazu kommen die (geringen) Kosten für die eigene Verpflegung und die Übernachtungskosten in den Lodges. Auch bei dieser individuellen Lösung ist es zu empfehlen, eine Agentur einzuschalten, was sicher etwas teurer ist, als den netten „Studenten", den man eben im Café kennengelernt hat, anzuheuern, aber eben auch sicherer.

Die Idee des Great Himalaya Trail

Der Trekkingtourismus ist besonders im Annapurna-Gebiet und auf der Everest-Strecke im Khumbu schon seit Langem etabliert und bildet für die Bevölkerung eine wichtige Einnahmequelle. Aus politischen Gründen, teilweise mit Rücksicht auf die USA, teilweise durch die Spannungen mit Tibet/China, war der Großteil der nepalischen Nordgrenze mit vielen alpinistisch und ethnologisch interessanten Gebieten bis vor etwa 15 Jahren für Besucher aus dem Westen kaum zugänglich. Nachdem dieses Sperrgebiet weitgehend aufgehoben wurde und diese Täler nunmehr – mit teilweise sehr teuren Sonderpermits – besucht werden können, gab es Überlegungen, wie man über den Tourismus Möglichkeiten zur Entwicklung auch in abgelegene Gebiete bringen könnte. Die niederländische Entwicklungshilfe-Organisation Dutch Development Agency (SNV) und das International Centre for Integrated Mountain Development (ICIMOD) in Kathmandu waren die Ersten, die konkrete Pläne zur Ausarbeitung eines zusammenhängenden Wegenetzes entlang der Himalaya-Hauptkette in Ost-West-Richtung entwickelten. Der Upper Trail bildet dabei eine sehr anspruchsvolle Route mit vielen Passüberschreitungen über 5000 Meter, die teilweise nur für erfahrene Bergsteiger möglich sind, der Cultural Trail dagegen ermöglicht auch dem geübten Bergwanderer wunderbare Einblicke in das Land. Mit einem europäischen Fernwanderweg sollte man den Great Himalaya Trail (GHT) aber nicht gleichsetzen.

Es kamen dann das Nepal Tourism Board und die Trekking Agencies' Association of Nepal (TAAN) sowie die Nepal Mountaineering Association (NMA) hinzu und schließlich, auf örtlicher Ebene, die Village Development Committees (VDC). Ab 2008 sind der Australier Robin Boustead und seine Frau Judy Smith den gesamten Great Himalaya Trail in verschiedenen Abschnitten abgegangen, haben detaillierte Angaben recherchiert und in einem 2010 veröffentlichten Führer herausgebracht. Auch die zum GHT publizierten Karten wären ohne diese Unterlagen nicht möglich gewesen. Ab 2013 kümmerte sich zunächst das Samarth-Nepal Market Development Programme um die Weiterentwicklung und die Öffentlichkeitsarbeit des GHT. Um die umfangreichen sozialen, kulturellen, finanziellen und geographischen Aspekte und die Entwicklung der abgelegenen Bergregionen zu fördern und touristische Möglichkeiten zu bündeln, wurde als übergreifende Organisation die Great Himalaya Trail (Nepal) Alliance geschaffen, die nunmehr ganz in nepalischen Händen liegt.

Inzwischen werden weitere Schritte unternommen, um den Great Himalaya Trail über Nepal hinaus – von Bhutan über Sikkim im Osten sowie nach Westen im indischen Garhwal – zu verlängern und so auch in Indien zu etablieren.

Dabei geht es nicht darum, eine bestimmte, genau definierte Great-Himalaya-Trail-Tour zu schaffen, der GHT versteht sich mehr als eine Sammlung von Routenvorschlägen, die man benutzen kann, um seinen eigenen, persönlichen Trekk zu entwickeln. So hat Robin Boustead mit der Beschreibung und Kartographierung des GHT zwar die Durchquerung des Nepal-Himalaya auf einem extrem langen und anstrengenden Trekk möglich gemacht, damit aber gleichzeitig neue individuelle Möglichkeiten für Reisende und die bereisten Regionen geschaffen. Oder, um es mit Bousteads eigenen Worten zu sagen: „Falls du dich entschließen solltest, einige Teilstücke auszulassen, wird das nicht den Wert deiner GHT-Erfahrung schmälern, sondern es kann sogar den Nutzen für noch entlegenere Gebiete verstärken."

Ein Ziel des Great Himalaya Trail ist es, den Menschen in abgelegenen Regionen des Landes eine Perspektive auf bescheidene wirtschaftliche Entwicklung zu ermöglichen.

DAS WICHTIGSTE IM ÜBERBLICK

Anreise

Derzeit fast ausschließlich über Kathmandu (Tribhuvan International Airport). Der Flughafen in Pokhara wird zu einem weiteren internationalen Flughafen ausgebaut. Von Europa aus günstig über die Golfstaaten, die Türkei, Indien oder Bangkok. Visa für 15 bzw. 30 oder 90 Tage über die nepalischen Botschaften oder Konsulate oder direkt am Flughafen in Kathmandu.

Reisen im Land

Die Umgebung von Kathmandu kann mit Taxi oder öffentlichen Bussen erkundet werden. Verbindungen zu den großen Städten bieten Fernverkehrsbusse, die teilweise auch über Nacht fahren, wovor aber ausdrücklich gewarnt wird! Es empfiehlt sich, einen Kleinbus mit einem verlässlichen Fahrer über eine Agentur zu mieten. Das übliche Verkehrsmittel zu den entfernteren Ausgangsorten sind Kleinflugzeuge, die zu den abgelegenen Pisten nur auf Sicht fliegen können und deshalb einen entsprechend unzuverlässigen Flugplan bieten.

Reisezeit

Bevorzugte Monate für Trekks in Nepal sind Oktober und November (beste Sicht) sowie Februar bis April (gelegentlich dunstig). Wenn keine hohen Pässe zu überqueren sind, empfehlen sich auch Dezember/Januar. Zwischen April und September ist Regenzeit/Monsun: heiß und tägliche Regenschauer, zum Trekken nicht besonders geeignet, auch wegen der lästigen Blutegel. Die nördlich der Himalaya-Hauptkette gelegenen Regionen Mustang und Dolpo sind vom Monsun weit weniger betroffen und können mit Einschränkungen auch in den Sommermonaten besucht werden, allerdings gestaltet sich die Anreise wegen der unsicheren Flugverbindungen (besonders Dolpo!) unter Umständen schwierig.

Ausrüstung

Je nach Höhe leichte oder warme Wanderkleidung, Regenschutz, Trekkingschuhe (bereits eingelaufen), mehrere Paar Socken, Stirnlampe, Kamera mit ausreichend Akkus, schnell trocknende Handtücher, Trinkflasche, Sonnenhut, Sonnenbrille, Sonnenschutzcreme, Erste-Hilfe-Ausrüstung. Spätestens bei Rucksäcken mit einem Gewicht über zwölf Kilo ist ein Träger sehr zu erwägen. Aus Rücksicht auf die kulturellen Gegebenheiten und Traditionen sollten besonders Frauen keine kurzen Hosen tragen!

Geld

Nepalische Rupie: Kurs 100 Rupie = derzeit ca. € 1.–

Geldautomaten finden sich in Kathmandu, Pokhara und anderen großen Städten, sonst Geldwechsel in Banken oder Wechselstuben.

Kartenmaterial

Das Himalayan Map House gibt ausreichend gute Karten für die wichtigen Trekkinggebiete heraus. Sie sind auch in Europa erhältlich. Wer außerhalb der üblichen Routen und eventuell ohne ortskundigen Führer auskommen möchte, sollte sich unbedingt die ausgezeichneten Finnmaps im Maßstab 1:50.000 besorgen (z. B. bei S.S. Center Map House, Thapathali, Tel. 01/4264272; Kosten in Nepal: € 1,– bis € 2,–). Diese topographischen Karten sind auch unter http://pahar.in/nepal-topo-maps/ zu finden und können großformatig ausgedruckt werden. Empfehlenswert sind auch die Nepa Maps, die es für die meisten Regionen gibt.

Interaktive Karten zum GHT gibt es unter http://dev.thegreathimalayatrail.org/trail-sections/ und unter http://www.greathimalayatrail.com/maps.php?cld=2

Mobiltelefon

Eventuell nepalische SIM-Karte besorgen! Damit ist das Telefonieren extrem billig. In ganz abgelegenen und dünn besiedelten Gebieten ist die Mitnahme eines Satellitentelefons (leihweise) zu überlegen.

Vorwahl Nepal +977/Vorwahl Kathmandu +977 1/Notruf 100

Unfall-/Krankenversicherung

Es empfiehlt sich eine Reiseversicherung, die auch Helikopterbergung beinhaltet. Einige Trekkingorganisationen verlangen dies inzwischen. Der Helikopter startet auch in Notfällen erst bei Vorauskasse bzw. Genehmigung durch die Versicherung.

Gesundheit

Impfungen gegen Tetanus, Hepatitis A und Typhus sind zu empfehlen. Je nach Ziel und Reisezeit bzw. Reisestil eventuell auch gegen Meningitis, Tollwut und Japan B Enzephalitis. Der Terai ist im Sommer Malariagebiet! Grundsätzlich sollte man in den Tropen die Regel der alten englischen Kolonialbeamten beherzigen: „Cook it, peel it or forget it." Also nichts essen, was nicht abgekocht ist oder selbst geschält werden kann! Nur Wasser trinken, das abgekocht oder entsprechend vorbehandelt ist! Bewährte Mittel sind *Certisil argento* (Silberionen, wirken langsamer) oder *Certisil combina* (Chlor, schnell wirksam, u. U. aber geringer Beigeschmack). Trinkwasser in Plastikflaschen ist fast überall erhältlich, der Plastikmüll aber auch ein Umweltproblem.

Bei Durchfall möglichst keine Stopfmittel nehmen *(Imodium)*, sondern Elektrolytersatz (z. B. ein Gemisch aus einem halben Liter Orangensaft, einem halben Liter Wasser, zehn Teelöffeln Zucker, einem Teelöffel Salz) und 500 mg *Ciprofloxacin* (Antibiotikum) als Einmaldosis.

Höhenakklimatisation

Idealerweise nicht mehr als 400 Meter Höhenunterschied zum nächsten Übernachtungsplatz anpeilen. Die alte Regel „Go high – sleep low" bewährt sich: Der Schlafplatz sollte niedriger liegen als die maximal erreichte Höhe des Tages! Eine Trinkmenge von drei bis vier Litern täglich ist sehr wichtig, ebenso warme Kleidung. Zur besseren Akklimatisation und Prävention der Höhenkrankheit sollte man auf Schlaftabletten, Alkohol und Nikotin verzichten.

Höhenkrankheit

Kann als Höhenlungenödem und Höhenhirnödem auftreten, mit Atembeschwerden, Übelkeit, Appetitlosigkeit, Schlaflosigkeit, Schwindel und starken Kopfschmerzen: dann Einsatz von Nifedipin, Hydrocortison oder Sildenafil (= Viagra) und keinesfalls weiterer Aufstieg! Bei Verwirrtheit oder Rasselgeräuschen beim Atmen unbedingt sofortiger Abstieg bzw. Abtransport in niedrigere Lagen!

Alpine Gefahren

Eine Trekkingtour im Himalaya ist kein Spaziergang auf eine heimische Alm. Man befindet sich – bei etwa vergleichbarem Gelände – um ca. 2000 bis 3000 Meter höher als in den Alpen. Entsprechend dramatischer können sich die im Hochgebirge nicht ungewöhnlichen, plötzlichen Wetterumschwünge auswirken. Unterschlupf, Hilfe und gegebenenfalls Rettung sind wesentlich schwieriger zu finden oder zu organisieren als bei uns. Durch die Steilheit des Geländes und die extremen Niederschlagsmengen während des Monsuns kommt es immer wieder zu Steinschlägen, Vermurungen und Erdrutschen, die den Wanderer gefährden können und Wege unpassierbar machen.

Wer ohne Trekkingagentur unterwegs ist, sollte wichtige Daten und Reiseverlauf immer bei einer Vertrauensperson in Kathmandu (deren Telefonnummer man mitnimmt) hinterlegen. Die angegebenen Zeiten für die einzelnen Wegabschnitte können je nach jahreszeitlichen Gegebenheiten, persönlicher Fitness und Gewichtsbelastung der Träger erheblich schwanken.

Wetterinfo

In den letzten Jahren haben die nepalischen Behörden begonnen, einen meteorologischen Dienst aufzubauen, der auch für abgelegene Regionen Prognosen erstellt. Sie sind abrufbar unter: http://www.accuweather.com/en/np/kathmandu/241809/weather-forecast/241809
oder http://www.mfd.gov.np

Trekkingpermits

Obwohl es inzwischen keine Gebiete mehr gibt, deren Betreten grundsätzlich verboten ist, muss man sich als Individualtourist (auch wegen möglicher Unfälle oder Katastrophen) in Kathmandu oder Pokhara im Nepal Tourism Board in das Trekking Information and Management System (TIMS) eintragen lassen. Darüber hinaus gibt es einige sensible Gebiete, für die man die Bewilligung für *Restricted Area* benötigt. Teile der folgenden Gebiete dürfen nicht von Einzelpersonen besucht werden, sondern nur im Rahmen einer Tour von mindestens zwei Teilnehmern, die durch eine lizenzierte verantwortliche nepalische Trekkingagentur organisiert wird.

Die aktuellen Gebühren (pro Person) und Restriktionen werden in der nachfolgenden Übersicht angegeben. Da sich diese Vorschriften jederzeit ändern können, wird eine aktuelle Abfrage unter http://timsnepal.com auf jeden Fall empfohlen!

- Lower Dolpo: pro Woche $ 10
- Upper Dolpo: für die ersten 10 Tage $ 500 und nach 10 Tagen pro Tag $ 50
- Taplejung District: pro Woche $ 10
- Kanchenjunga-Region: pro Woche $ 10
- Upper Mustang: für die ersten 10 Tage $ 500 und danach $ 50 pro Tag
- Gorkha Manaslu: von September bis November pro Woche $ 70 und danach $ 10 pro Tag. Von Dezember bis August pro Woche $ 50 und danach $ 7 pro Tag
- Chekampar Chumchet: von September bis November $ 35 für die ersten 8 Tage und von Dezember bis August $ 25
- Gauri Shankar Lamabagar: pro Woche $ 10
- Simikot Yari Humla District: für die ersten 7 Tage $ 50 und danach $ 7 pro Tag
- Thuman Timure Rasuwa District: pro Woche $ 10
- Makalu/Arun: für die ersten 4 Wochen pro Woche $ 10
- Everest-Region/Solu-Khumbu: für die ersten 4 Wochen pro Woche $ 10, danach pro Woche $ 20
- Manang, Naar, Phu, Tilicho: von September bis November pro Woche $ 90; von Dezember bis August pro Woche $ 75
- Mugu District: für die ersten 7 Tage $ 90, danach pro Tag $ 15
- Bajhang, Khanda, Saipal: für die ersten 7 Tage $ 90 und danach $ 15 pro Tag
- Darchula District: für die ersten 7 Tage $ 90, danach pro Tag $ 15

Quelle: http://www.timsnepal.com

Trekkingagenturen

Es gibt mittlerweile eine Fülle von Anbietern. Gute persönliche Erfahrungen gemacht haben wir mit
www.asian-trekking.com
www.explorehimalaya.com
www.matterhornnepal.com
www.sherpaadventure.com
www.windhorse-trek.com

KATHMANDU UND UMGEBUNG

Nur ein minimaler Prozentsatz der Besucher kommt heutzutage auf dem Landweg nach Nepal, der überwiegende Teil nutzt eine der vielen internationalen Airlines, die Kathmandu anfliegen. So liegen oft nur zwölf Stunden zwischen Europa und Nepal. Im mittelalterlichen Stadtkern um den Hanuman Dhoka, den zentralen Platz mit dem alten Königspalast, mit dem Haus der Kumari und zahlreichen Tempeln, fühlt man sich rasch um Jahrzehnte, um nicht zu sagen Jahrhunderte, zurückversetzt.

Der Sage nach war das Tal von Kathmandu einst von einem riesigen See ausgefüllt. Böse Schlangen tummelten sich hier, und nur über dem Hügel von Swayambhunath („der aus sich selbst erschaffene Ort") ragte eine wunderschöne Lotusblüte aus dem Wasser. Manjushri, der tibetische Bodhisattva der Weisheit und Künste, öffnete schließlich bei Chobar eine tiefe Schlucht mit seinem Flammenschwert und ließ den See auslaufen.

Die geologischen Befunde bestätigen den einst vorhandenen See, nur war es wohl der Bagmati-Fluss, der das Gelände immer tiefer eingeschnitten hat und so vor ca. 100.000 Jahren allmählich das Gewässer trockenlegte. Zurück blieben besonders fruchtbare Ebenen, die eine frühe Besiedlung ermöglichten. Die frühesten Steinwerkzeuge, die man in der Umgebung von Kathmandu fand, sollen aus dieser Zeit stammen.

Die ersten Bewohner von Kathmandu waren wohl die aus dem östlichen Bergland Nepals stammenden Kirati, später kamen die aus Nordindien vordringenden Licchavi dazu und brachten das Kathmandu-Tal zu einer ersten kulturellen Blüte. Seit etwa 2000 Jahren siedeln hier die Newar, sie sind die Schöpfer sämtlicher noch erhaltener Kunstschätze. Ihre handwerklichen Fähigkeiten machten sie zu begehrten Künstlern im gesamten Himalaya (mehr zu den Newar auf Seite 20).

Der Handel mit Indien sowie Tibet und China ermöglichte eine frühe städtische Zivilisation. Aus dieser Zeit resultiert die große religiöse Toleranz, die typisch für Nepal ist. Obwohl selbst Hindus,

Eines der Wahrzeichen von Kathmandu: die Tempelanlage von Swayambhunath. Als Symbol für Avalokiteshvara, den Bodhisattva des Mitgefühls, blicken die Augen des Stupas weit über das Tal von Kathmandu. Soweit dieser Blick reicht, darf kein Tier vor den Pflug gespannt werden, das gesamte Ackerland wird per Hand umgebrochen.

ließen die Herrscher viele buddhistische Bauwerke errichten. So soll König Mandev aus der Licchavi-Dynastie bereits im 5. Jahrhundert den Stupa von Bodnath in Auftrag gegeben haben.
Es folgte eine Reihe von Thakuri-Königen, bis um 1200 der Herrscher von Bhaktapur den Titel *Malla* („der Ringer") annahm und damit die Dynastie der Malla-Könige begründete, die das Tal von Kathmandu bis zur Eroberung durch die Shah-Dynastie im Jahr 1768 beherrschten.
Nach dem Tod von Yaksha Malla im Jahr 1482 wurde das Reich unter seinen drei Söhnen aufgeteilt, und es gab fortan die drei Malla-Könige von Kathmandu, Bhaktapur und Patan. Auch wenn sie gelegentlich Krieg gegeneinander führten, wetteiferten die jeweiligen Herrscher hauptsächlich auf kulturellem Gebiet: Sie versuchten, einander in der Größe und Schönheit der Prachtbauten, die sie in Auftrag gaben, zu übertrumpfen. Sämtliche wichtigen Palastanlagen, Höfe, Plätze und Tempel gehen auf die Malla-Könige zurück, jede spätere Bautätigkeit war im Wesentlichen nur Restaurierung nach Erdbeben oder anderen Schäden.

Kleiner Gang durch die Geschichte

Mit der Eroberung Nordindiens durch die Moslems ab 1200 und der Errichtung des Mogulreiches ab 1500 flohen immer mehr hinduistische Fürsten, besonders aus Rajasthan, mit ihrem Gefolge in die entlegenen und sichereren Täler des Himalaya. Eines dieser Fürstenhäuser hatte sich in Gorkha etablieren können und dort ein starkes Königreich errichtet. Dessen Herrscher Prithvi Narayan Shah eroberte innerhalb von 27 Jahren das gesamte heutige Nepal. 1768 besiegte er Jaya Prakash, den letzten König von Kathmandu. Mit diesem Sieg endete die Dynastie der Malla. Prithvi Narayan Shah verlegte seine Residenz von Gorkha nach Kathmandu, und die Nachfahren der Shah-Dynastie stellten 240 Jahre lang den König, bis zum Ende der Monarchie 2008.
Der Eroberungsdrang der Shah, die sich Gebiete bis nach Kaschmir einverleibt hatten, führte zu einem anhaltenden Konflikt mit der britischen Ostindienkompanie, der nach langen Kämpfen 1816 mit einem Friedensvertrag beigelegt wurde. Ab diesem Zeitpunkt musste Nepal einen ständigen britischen „Residenten" akzeptieren, der wesentlich mehr Bedeutung als ein Botschafter hatte, obwohl sich das Land weiterhin nach außen völlig abschottete und grundsätzlich keine Ausländer duldete. Die Engländer waren vom Kampfgeist der Gurkhas derartig beeindruckt, dass sie begannen, sie für ihre indischen Regimenter zu rekrutieren.
Diverse Intrigen im Palast ermöglichten es 1846 dem jungen General Jung Bahadur Rana, die Macht an sich zu reißen. Im sogenannten Kot-Massaker ließ er in einem Seitenhof (*Kot*) des Durbar Square 50 Angehörige des Hofes hinrichten. Er nahm den König gefangen, setzte ihn unter Hausarrest, erklärte sich selbst zum Ministerpräsidenten auf Lebenszeit und nahm den Titel eines Maharadschas von Lamjung und Kaski an. Darüber hinaus wurde dieses Amt in agnatischer Linie (jeweils das älteste männliche Familienmitglied) erblich, und so regierte die Rana-Familie das Land bis 1951.
Die Funktion der Shah-Könige war in dieser Zeit auf eine rein zeremonielle Bedeutung als Wiedergeburt des Gottes Vishnu oder auch als Bodhisattva im Zusammenhang mit religiösen Festen beschränkt, sie hatten keinerlei politische Macht. Die Ranas beherrschten das Land und beuteten es über 100 Jahre lang aus wie einen persönlichen Besitz. Sie bauten sich im Tal von Kathmandu Dutzende Paläste im neoklassizistischen Stil europäischer Herrscherhäuser und ließen Luxuswaren aus Europa importieren. 1908 ließ Chandra Shamsher Rana den *Singha Durbar* („Löwenhaus") errichten, das seinerzeit größte Gebäude von Asien mit sieben Innenhöfen und 1700 Räumen! Zunächst bildete es die Residenz für ihn als Ministerpräsidenten, später den Sitz der ganzen Regierung mit sämtlichen Ministerien und der gesamten Verwaltung. 1973 zerstörte ein Feuer den Großteil der Anlage, das Erdbeben 2015 erledigte den Rest.
Da es noch keine Verbindungsstraße nach Indien gab, wurden die ersten Autos in den 1920er-Jahren auf den Schultern von Trägerkolonnen nach Kathmandu getragen, damit die Herrschenden hier bequem ein paar Kilometer fahren konnten!
Für die Nachfolgeregelung und den Erhalt der Macht im Staate (und damit auch die Möglichkei-

Teil des Weltkulturerbes: Bhairabnath Mandir am Taumadhi Tol (= Platz) in Bhaktapur, einer der drei großen Königsstädte im Tal von Kathmandu. Bhairava ist eine furchteinflößende Erscheinung des Hindu-Gottes Shiva, die hier in einer nur wenige Zentimeter großen Figur, die sich ebenerdig an der Frontseite der riesigen Tempelanlage befindet, verehrt wird.

DIE KULTUR DER NEWAR

Die Newar werden als die Ureinwohner des Kathmandu-Tales angesehen, obwohl es Hinweise für eine frühe Besiedlung durch Kirati, Licchavi und Gopala auch schon vor der Zuwanderung der Newar aus dem tibetischen oder östlichen Himalayaraum gibt. Durch den enormen Zuzug der letzten Jahrzehnte stellen die Newar inzwischen aber mit ca. 700.000 nur noch weniger als die Hälfte der Bevölkerung im Kathmandu-Tal. Ihre Sprache, das *Newari*, ist verwandt mit den Idiomen der Magar und der Kirati im Osten Nepals und gehört zur tibeto-burmesischen Sprachgruppe. Außerhalb des Kathmandu-Tales siedeln sie im ganzen Land lediglich als kleine Gruppen von Kaufleuten oder Beamten.

Die Newar gelten als besonders religiös. Obwohl sich ein Teil von ihnen als Buddhisten bezeichnet (besonders in Patan) und ein anderer Teil als Hindus (besonders in Bhaktapur), wird letztendlich von beiden Gruppen eine schwer zu durchschauende Mischung an religiösen Schulen, Riten und Zeremonien praktiziert, in denen auch Tantrismus und alte Volksmythen eine wichtige Rolle spielen. Durch diese religiöse Praxis entstand eine ganz ungewöhnliche Toleranz in konfessionellen Fragen – man kann zu jeder Gottheit beten und darin Aspekte seines eigenen Glaubens finden. An jedem einzelnen der unzähligen Tempel im Kathmandu-Tal findet man Abbildungen und Gottheiten aus beiden Religionen. Architekturgeschichtlich gibt es viele Hinweise, dass die Newar mit ihren Tempeln im Kathmandu-Tal den Pagodenbaustil entwickelt haben und er sich durch ihre Baumeister über Tibet und China nach Südostasien verbreitet hat. Alle kunsthistorisch wichtigen Gebäude im Kathmandu-Tal wurden von den Newar geschaffen.

Über Jahrhunderte waren die Bronzegießer und Metallverarbeiter, besonders aus Patan, im ganzen Himalaya-Gebiet führend. Kaum ein buddhistischer Tempel in Tibet, in dem nicht Götterstatuen und Figuren zu finden sind, die aus diesen Werkstätten stammen. Auch die Kunst der Feuervergoldung wurde nur hier praktiziert: Mit Quecksilber (Amalgam) vermischter Goldstaub wird auf die Statuen aufgetragen. Unter Erhitzung verdampft das Quecksilber, während sich die feine Goldschicht fest mit der Oberfläche der Figur verbindet. Die heute noch so arbeitenden Handwerksbetriebe beliefern nicht nur Touristengeschäfte, sondern vor allem buddhistische Gläubige und Klöster in ganz Asien mit ihren Skulpturen und Figuren.

Ebenso gepflegt wird die buddhistische Thangka-Malerei, die Herstellung religiöser Rollbilder nach strengen ikonographischen Regeln, die ursprünglich zur Meditation und Versenkung in tiefes Gebet dienten. Buddhas und andere Gottheiten werden dabei in genau festgelegten Haltungen und Stellungen mit ihren jeweiligen Werkzeugen oder Attributen und bestimmten zugeordneten Farbtönen dargestellt. Der individuelle künstlerische Interpretationsspielraum ist dabei nur sehr gering.

Die *Jyapu*, die Kaste der Newarbauern, hat eine ungewöhnliche Art, ihre Felder im Tal

zu bestellen. Während in den Bergen noch auf schmalen Terrassen von weniger als zwei Metern Breite Ochsen vor den Pflug gespannt werden, um die Felder umzubrechen, wird hier, wo auch große ebene Flächen zur Verfügung stehen, der Boden in gebückter Haltung per Hand mit einem eigenartigen Haugerät, wie es nur hier in Verwendung ist, umgegraben. Die schweren Brocken der fruchtbaren Erde werden danach noch mit einem großen Holzhammer zerkleinert. Diese Gepflogenheit geht darauf zurück, dass angeblich keine Ochsen eingespannt werden und vor dem Pflug gehen dürfen, soweit die Augen des Stupas von Swayambhunath reichen. Auch Lord Pashupati, der Herr der Tiere, wacht über dieses Gebot.

Eine weitere Eigenart unterscheidet die Newar von all ihren Nachbarn: Überall sonst in Nepal werden Lasten mit dem Stirnriemen (*Namlo*) und dem Tragekorb (*Doko*) getragen. Allein die Newar benutzen einen dicken Bambusstab (*Nol*), der über der Schulter getragen wird und an dessen Enden zwei Körbe hängen, die möglichst genau austariert beladen werden müssen. Nirgends sonst auf dem indischen Subkontinent werden Lasten so befördert, nur in China und Südostasien. Jeden Morgen sieht man die Bauern ihr frisches Obst und Gemüse in dieser Weise auf die Marktplätze der Städte tragen. Im Herbst werden so die großen Bündel mit Reisstroh durch die engen Gassen von Bhaktapur transportiert, um in den Innenhöfen getrocknet und ausgedroschen zu werden. Hier trifft man auch noch die alten Bäuerinnen in ihren groben schwarzen, rot geränderten Saris, die tagelang die Reiskörner zum Trocknen tagsüber mehrfach wenden und abends zu großen Haufen aufwerfen. Der Großteil von ihnen hat noch die für Newar-Bäuerinnen typischen Tätowierungen an den Waden.

Die Newar und ihre Kultur sind im gesamten Kathmandu-Tal sichtbar, ihr Ruf als Kunsthandwerker ist legendär. Die typische Tracht der Newar-Frauen ist ein schwarzer Sari aus grobem Baumwollstoff mit rotem Rand. *Lha-chyogu,* „auf Fleisch schreiben", heißen die Tätowierungen, die die Newar-Frauen traditionell an den Unterschenkeln tragen (zweite Abb. v. l.).
Szenen aus Bhaktapur: Straßenhändler bieten ihre Waren feil, der Reis wird auf öffentlichen Plätzen zum Trocknen gewendet, Frauen schöpfen aus Tiefbrunnen Wasser. Plastik hat den Töpfermarkt noch nicht ganz überflüssig gemacht.

Der gewaltige Stupa von Bodnath, das wichtigste buddhistische Heiligtum von Kathmandu, bildet das kulturelle Zentrum der Sherpas sowie der Kolonie tibetischer Flüchtlinge. Er wird jährlich neu gekalkt und mit Safranfarbe so begossen, dass, von oben gesehen, das Bild einer Lotusblume entsteht.

ten zur persönlichen Bereicherung) führte Chandra Shamsher für seine eigene und alle anderen Rana-Familien eine Drei-Klassen-Regelung ein: Zur Klasse A gehörten Kinder aus den Ehen mit Frauen aus hoher Kaste. Nur sie konnten den Posten des Ministerpräsidenten oder die höchsten Ränge im Militär oder in der Verwaltung besetzen. Klasse B waren Kinder aus Konkubinaten oder von angetrauten Frauen geringerer Kastenzugehörigkeit. Und schließlich Klasse C: Nachkommen aus Verbindungen mit Frauen aus niedrigen Kasten, mit denen sie nicht verheiratet waren. B- und C-Klasse-Ranas waren nur für den höheren bzw. mittleren Verwaltungsdienst und im Militär höchstens bis zum Rang eines Obersten zugelassen.

Seit der Entmachtung des Königshauses 1846 waren sämtliche Könige der Shah-Dynastie mit Frauen aus dem Hause Rana verheiratet. 1950 gelang es dem damaligen König Tribhuvan, in die indische Botschaft in Kathmandu zu fliehen, von wo aus er heimlich außer Landes, nach Indien, gebracht wurde. Er konnte dort die Opposition organisieren und kehrte 1951 triumphierend nach Nepal zurück: Das Rana-Regime brach zusammen. Tribhuvan gelang es aber bis zu seinem Tode im Jahre 1955 nicht, eine reguläre konstitutionelle Monarchie zu errichten. Auch sein Sohn Mahendra verwarf das demokratische Experiment und führte das sogenannte Panchayat-System ein, bei dem eine Nationalversammlung, die von Dorfältesten gewählt wurde, der Regierung zur Seite stand. Erst sein Sohn Birendra, der 1972 den Thron bestieg, musste unter dem Druck der Straße und einer Volksbewegung 1989 zunächst politische Parteien zulassen, später das Kabinett auflösen und eine Übergangsregierung der Opposition dulden. Die politischen Wirren wurden immer unübersichtlicher, Regierungen unter der Führung der Kongresspartei und der Kommunisten oder Maoisten wechselten sich ab und schoben sich gegenseitig die Schuld an den Zustän-

den im Land zu. Zwischenzeitlich hatten die Maoisten unter der Führung von Prachanda einen Guerillaaufstand begonnen und vor allem in den entfernten westlichen Landesteilen dem Militär und der Regierung das Heft aus der Hand genommen. Sie errichteten ihre eigene Verwaltung, trieben in den „befreiten Gebieten" Steuern ein, rekrutierten Kindersoldaten und verteilten Land an arme Bauern.

Am 1. Juni 2001 erschoss in einem dramatischen Massaker Kronprinz Dipendra seinen Vater, den König, seine Mutter und den Großteil seiner Familie. Anschließend richtete er sich selbst. So lautet zumindest die offizielle Version. Über eine Beteiligung des indischen Geheimdienstes wurde immer wieder spekuliert. Lediglich sein Onkel Gyanendra, der dann auf den Thron folgte, und dessen Sohn hatten an dem schicksalsträchtigen Familientreffen nicht teilgenommen und dadurch überlebt. Der unbeliebte neue König versuchte, mit harter Hand durchzugreifen. Aber sowohl die Demokratiebewegung wie auch die Maoisten wurden immer stärker, 2008 gewannen diese sogar die Wahlen zur verfassungsgebenden Versammlung. Im Mai 2008 schließlich wurde das Land zur Demokratischen Bundesrepublik Nepal erklärt. König Gyanendra, dessen Vorfahren das Land seit 1768 in einer Dynastie regiert hatten, erhielt drei Tage Zeit, den Palast zu räumen, und lebt jetzt in einem Anwesen außerhalb von Kathmandu.

Auch in der Republik Nepal erscheint Politik nach wie vor vorwiegend als ein Schachern um Posten und Pfründe. Eine tragfähige Verfassung gibt es immer noch nicht.

Bodnath

Das heute wichtigste buddhistische Heiligtum Nepals ist Bodnath (auch Boudhanath). Der riesige halbkugelförmige, massive Stupa-Bau, dessen Ursprünge auf das 5. Jahrhundert n. Chr. zurückgehen, lag noch vor 40 Jahren weit außerhalb der

Weniger auffällig und weniger bekannt als die Sadhus, die „heiligen Männer": hinduistische Nonnen *(Mathavasini)* an der Tempelanlage von Pashupatinath, dem wichtigsten hinduistischen Heiligtum in Nepal.

EROTISCHE UND SAKRALE KUNST

Der Besucher aus dem Westen steht den freizügigen erotischen Darstellungen an vielen Tempeln Nepals staunend, schmunzelnd oder auch errötend gegenüber. Diese Skulpturen befinden sich hauptsächlich an den hölzernen Dachstreben, seltener an Außenwänden und nur in einigen Fällen kann man auch im Inneren der Tempel Bilder mit sexuellen Themen sehen. Verschiedene Theorien versuchen, Sinn und Ursprung dieser für sakrale Bauten doch sehr ungewöhnlichen Plastiken und Bilder zu erklären.

Da wäre zunächst die Blitzschutztheorie (*Bajranibarana*): Vor allem die Newars berufen sich darauf, dass es in den heiligen Büchern der Hindus, dem *Mahabharata* und auch im Epos *Ramayana* Textstellen gibt, die es verbieten, Lebewesen während des Liebesaktes zu töten. Wer dagegen verstößt, würde selbst während des Koitus versterben (*mors in coitu*). Auch Indra, der Gott des Lichtes und des Blitzes, würde seine Waffen niemals dort einsetzen, wo sexuelle Freude herrscht. So wurden die hoch aufragenden Tempelbauten mit erotischen Darstellungen verziert, um das Einschlagen des Blitzes zu verhindern. Ebenfalls dieser Theorie zuzuordnen ist die Legende von der göttlichen Nymphe (*Apsara*) Alambusa: Nachdem diese zur Nonne geworden war, bekam sie eine zerstörerische Macht. Wohin auch immer sie spuckte, konnte sie alles zerstören. Um die züchtige Nonne zu erschrecken und ihre Blicke fernzuhalten, sollen die schützenden erotischen Figuren entstanden sein.

Eine weitere Deutung geht dahin, dass sich eines Tages der Buddhismus im Kathmandu-Tal derartig durchgesetzt haben soll, dass fast alle jungen Leute in Klöster eintraten. Durch diese Bewegung sei der Fortbestand der Bevölkerung so weit gefährdet gewesen, dass ein einflussreicher hinduistischer Prediger aus Indien an den Tempeln erotische Darstellungen anbringen ließ, um die sexuelle Fantasie der jungen Männer und Mädchen anzuregen.

Die wahrscheinlich zutreffendste Erklärung liegt aber wohl in der erotisch-mystischen Philosophie des Tantrismus. In dieser uralten indischen Denkschule flossen esoterische und schamanistische Vorstellungen mit denen einer schöpferischen Urkraft (*Shakti* – göttliche Mutter) zusammen. In bestimmten tantrischen Sekten war die sexuelle Vereinigung notwendiger Teil sakraler Riten, und so wurden bei diesen Zeremonien in Klöstern und Tempeln ritualisierte Geschlechtsakte (*Maithuna*) zwischen Priestern und Tempeldienerinnen, aber wohl auch unter den Gläubigen ausgeführt. Diese Praktiken hatten aber in Indien eine größere Bedeutung als in Nepal.

Im Gegensatz zur sexualitätsfeindlichen christlichen Weltanschauung sieht die indische Philosophie in der Sexualität und dem Schöpfungsakt die Behauptung des Lebens und den Widerspruch gegen Tod und Zerstörung: Jeder Zeugungsakt wiederholt die mystisch-kosmische Urzeugung. Die Schöpfung, das Universum, entstand aus der Vereinigung des göttlichen Urpaares. *Lingam* (Phallus) und *Yoni* (Vagina, Vulva) – oder als Götterpaar Shiva und seine Gattin Parvati – genießen in ganz Indien und Nepal höchste Verehrung. Die anderen Gottheiten des hinduistischen Pantheons sind in ihrer Bedeutung weit untergeordnet. Unter Berücksichtigung des tantrisch-mystischen Hintergrunds verlieren die Darstellungen die Obszönität, die der oberflächliche Betrachter aus unserem Kulturkreis zunächst zu sehen meint.

Die Verehrung der Schöpferkraft spielt im Hinduismus eine wesentliche Rolle. Die Vereinigung von Lingam und Yoni (zweite Abb. v. l.) symbolisiert dabei die mystisch-kosmische Urzeugung.

Stadt, inzwischen ist er vom Häusermeer Kathmandus umschlossen. Dieser Stadtteil ist das Zentrum der hier ansässigen Exiltibeter sowie vieler Sherpas. In der Umgebung hat sich mittlerweile eine Vielzahl von buddhistischen Klöstern der verschiedenen Schulen (Rotmützen, Gelbmützen usw.) angesiedelt, die – nicht zuletzt durch großzügige Spenden aus Übersee – für hiesige Verhältnisse oft ungewöhnlich luxuriös ausgestattet sind. Wenn man das Glück hat, mit einem kleinen Flugzeug im Anflug auf Kathmandu eine Schleife über Bodnath zu drehen, kann man wunderbar den Grundriss des gewaltigen Bauwerkes erkennen, das ein riesiges Mandala bildet und als solches den buddhistischen Kosmos darstellt. Wer als Besucher zusammen mit Dutzenden oder vielleicht auch Hunderten von Pilgern die Kora ausführt, die rituelle Umschreitung dieses Heiligtums, dem erschließt sich diese architektonische Besonderheit nicht.

In den Morgen- und Abendstunden strömen aus dem ganzen Stadtteil gläubige Buddhisten hierher, darunter viele alte Tibeter, und umrunden, Mantren rezitierend, den Stupa immer wieder im Uhrzeigersinn, damit die reine, edle rechte Seite dem Heiligtum zugewandt ist.

Pashupatinath

Pashupatinath im Kathmandu-Tal gilt als das wichtigste hinduistische Heiligtum des Landes. In der aus dem 4. Jahrhundert v. Chr. stammenden Tempelanlage, die ebenso zum Weltkulturerbe zählt wie Teile der Altstadt Kathmandus, wird Gott Shiva als „Herr des Lebens" verehrt. Das Gelände des Haupttempels mit seinem silbernen Schrein ist nur für Hindus zugänglich.

Kultisch im Mittelpunkt steht an diesem heiligen Ort der etwa ein Meter große Stein *Lingam,* ein Phallussymbol, das in einer silbernen *Yoni,* dem weiblichen Prinzip, ruht. Shiva ist der Gott der Fruchtbarkeit und der Schöpfung – aber auch der Zerstörung! Nur jeweils vier ganz speziell ausgebildete, aus Indien stammende Priester (*Bhatta*) dürfen dieses Götterbild berühren und die Opferzeremonien ausführen: Milch, Butter, heiliges (Ganges-)Wasser und Honig werden über den Lingam gegossen und laufen über die Yoni in ein Gefäß. Diese göttliche und als spirituell rein geltende Nahrung wird dann an die Pilger und Gläubigen verteilt.

Die direkt unterhalb des Tempels gelegenen Verbrennungsstätten, *Arya Ghats*, die dem Königshaus und den hohen Kasten vorbehalten sind, gehören ebenfalls zum verschlossenen Gebiet. Auf den etwas unterhalb gelegenen Plätzen für das gemeine Volk, *Surya Ghats*, finden fast ständig Kremationen statt, die das Gelände mit Rauchschwaden erfüllen.

Wer hier verbrannt wird, wird in seinem nächsten Leben nicht als Tier wiedergeboren werden. Wer hier nicht nur verbrannt wird, sondern auch hier verstorben ist, kann auf noch bessere Formen der Inkarnation hoffen. Aus diesem Grunde befinden sich hinter den *Ghats* Pilger- und Altenheime, wohin schwerkranke und siechende Gläubige gebracht werden, um hier ihre letzten Tage zu verbringen. Der sich ständig wiederholende Kreislauf des Werdens und Vergehens (*Samsara*) und die Wiedergeburt in besseren oder schlechteren Inkarnationen – je nach Verdienst oder Sünden im derzeitigen Leben (*Karma*) – sind die großen Grundprinzipien der hinduistischen Philosophie und Lehre.

Auf der anderen Flussseite von Pashupatinath liegen der Tempelbezirk Rama Chandra und auf einer Anhöhe der Gorakhnath-Tempel. Dort hausen in kleinen Zellen, in einer Art Ashram, die Sadhus. Diese häufig aus Indien stammenden „heiligen Männer", die sich geschäftstüchtig für Fotos zu verkaufen wissen, sollen sich asketisch, unter Verzicht auf alles Irdische, ganz der Meditation und dem Gebet hingeben. Von einem Guru werden sie in die Geheimnisse der hinduistischen Mystik und in religiöse Praktiken eingewiesen, zu denen sehr häufig das Rauchen von *Ganja* (Cannabis, siehe Seite 103) gehört. Einige dieser Asketen sind völlig unbekleidet und schmieren sich lediglich am ganzen Körper mit Asche ein, andere tragen zum Teil fantasievolle gelbe Roben. Da sie sich nicht rasieren, haben die meisten gewaltige Bärte. Die Anhänger Shivas tragen *Yata*, Dreadlocks, die Eingang in die Hippiekultur fanden. An der Bemalung ihrer Stirn kann man erkennen, welche Götter sie am meisten verehren: waagrechte Streifen stehen für Vishnu, senkrechte für Shiva.

Junge buddhistische Mönche in Swayambhunath. Der Eintritt in ein Kloster ist für viele Familien nach wie vor oft der einzige Weg, ihren Söhnen Bildung und ein gesichertes Auskommen zu vermitteln.

„Rad der Zeit": Für die buddhistische Kalachakra-Zeremonie wird in wochenlanger Arbeit ein Mandala aus farbigem Sand erstellt, um am Ende zerstört zu werden.

Pashupatinath ist das religiöse Zentrum der gläubigen Hindus. Sadhus sind allgegenwärtig, ständig finden Kremationen statt. Das fünf Meter große Kultbild (links unten) des auf einem Schlangenbett schlafenden Gottes Vishnu in Budhanilkantha stammt aus dem 5. oder 6. Jahrhundert.

Rechte Seite: Blick auf den gewaltigen vergoldeten Nandi, den Stier des Hindu-Gottes Shiva, im Hof von Pashupatinath Mandir. Der Zutritt zum Tempel ist nur Hindus gestattet.

Mit Asche beschmierte Sadhus im Tempelbezirk von Pashupatinath. Viele dieser Bettelmönche kommen aus Indien, um ihre Form der Frömmigkeit in diesem bedeutenden Shiva-Heiligtum zu praktizieren.

Das Opferfest Dashain ist das höchste Fest des Jahres, mit ihm feiern die Nepalis das Ende der Regenzeit und den Sieg des Guten über das Böse. An unzähligen Tempeln im ganzen Land werden zu Ehren der Göttin Durga Opfer dargebracht, wie hier in einem Hof an Kathmandus Hanuman Dhoka. Die Tiere werden rituell mit einem einzigen Hieb geköpft, das Blut der Göttin geopfert und das Fleisch zum Verzehr geweiht.

KANCHENJUNGA

Der Kanchenjunga (Kangchendzönga) markiert im Osten die Grenze Nepals zu Indien/Sikkim, dessen Hauptstadt Darjeeling nur ein paar Kilometer jenseits der Grenze liegt. Wegen dieser peripheren Lage wird die Kanchenjunga Conservation Area (KCA) nach wie vor von einer relativ geringen Anzahl von Trekkern besucht. Gerade darin liegt ihr Reiz! Der Osten Nepals erhält monsunbedingt größere Niederschlagsmengen als der Westteil und hat dadurch die vielfältigsten und ausgedehntesten Rhododendronwälder des Landes. Nach Möglichkeit sollte man hier zur Blütezeit im April/Mai unterwegs sein, wenn ganze Bergzüge in den verschiedensten Rot- oder Weißtönen leuchten.

Auf unserem Weg von Lhonak bis Pangpema, dem Kanchenjunga Basecamp (5143 m), sind wir gut vorangekommen. Es ist erst mittags, unser kleines Zelt im Nu aufgestellt, geschützt von einer niedrigen Steinmauer. Die Strecke entlang des Kanchenjunga-Gletschers war nicht zu steil, und so fühlen wir uns nach kurzer Rast und Stärkung noch fit genug, uns noch einen höheren und besseren Aussichtspunkt für den Nachmittag vorzunehmen. Über spärliche Matten, auf denen vereinzelte Yaks grasen, Schotterflächen und schließlich Blockkletterei gewinnen wir langsam an Höhe. Die dünne Luft macht sich auch ohne schwere Rucksäcke bemerkbar. Nach knapp drei Stunden stehen wir auf einem Felsvorsprung – das kleine Zelt ist nur noch ein gelber Punkt unter uns – mit einem fantastischen Blick auf die Kette der Siebentausender, die die östliche Grenze Nepals zu Sikkim bildet. Im Norden der Pyramid Peak, gefolgt von Kirat Chuli, Nepal Peak und Gimmigela Chuli, der dann in den mächtigen Block des 8586 Meter hohen Kanchenjunga übergeht. Der Name bedeutet im Tibetischen „die fünf Schatzkammern des großen Schnees", womit die vier Gipfel Kanchenjunga, Kanchenjunga-Central, Kanchenjunga-West und Kanchenjunga-South sowie als fünfter der daneben liegende Kangbachen Peak bezeichnet werden. Bis zur trigonometrischen Vermessung durch den Survey of India 1852 galt der Kanchenjunga übri-

Weltweit verursacht der Klimawandel einen Rückgang der Gletscher. Der riesige Kanchenjunga-Gletscher schiebt sich von der Nordseite immer noch bis weit über Lhonak hinaus. Der klassische Trekk zum Basecamp folgt dem Gletscher talauf.

„Die fünf Schatzkammern des großen Schnees": Bei der Überschreitung des Lumbha Sambha, der Verbindung zum Arun-Tal, erschließt sich noch einmal das gesamte Kanchenjunga-Massiv mit seinen fünf Gipfeln.

gens als der höchste Berg der Erde, heute muss er sich nach Everest und K2 mit dem dritten Platz zufriedengeben. Der „Kantsch", wie ihn deutschsprachige Bergsteiger gern nennen, wurde 1955 von den Engländern Band und Brown erstmalig bestiegen. Mit Rücksicht auf den heiligen Status des Berges bei der einheimischen Bevölkerung betraten die Gentlemen allerdings den Gipfel nicht, sondern blieben einige Meter unterhalb.

Unfreiwilliges Biwak

Nur kurze Zeit zeigt sich die ganze Bergkette in ihrer vollen Pracht, dann ziehen schon die ersten Wolkenfetzen auf, die uns daran erinnern, dass schnell der Schatten kommt. Also nichts wie hinunter zu unserem Zeltplatz! Bergab geht es um vieles schneller, sodass wir die kleine Ebene von Pangpema noch gut vor Einbruch der Dunkelheit erreichen. Die Yaks, die vorher an den Rändern der Seitentäler ihr Futter gesucht haben, sind jetzt in der Nähe des Basecamps zusammengekommen und haben sich teilweise dort niedergelassen. Erst als wir um den letzten Felsblock biegen, sehen wir voller Schrecken den riesigen Yakbullen, der wohl nicht mehr als einen Meter entfernt vor unserem Zelteingang steht.

Der kleine Pferch mit seiner etwa ein Meter hohen Steinmauer, die uns Schutz vor dem Wind geben soll, erweist sich jetzt als verhängnisvoll: Wollten wir, wie sonst üblich, den Yak mit Steinwürfen vertreiben, würde er sich mit großer Wahrscheinlichkeit in den Zeltschnüren verheddern und das Zelt entweder mitreißen oder niedertrampeln. Unsere gesamte Ausrüstung wäre beim Teufel! Jetzt ist guter Rat teuer. Wir treten zunächst den Rückzug unter einen schützenden Felsüberhang an und warten ab. Irgendwann wird es dem schwarzen Koloss doch langweilig werden …

Ohne Bewegung und bei Einbrechen der Dunkelheit wird es trotz unserer Daunenjacken doch verdammt frisch. Wir kuscheln uns aneinander und hoffen, dass sich auch unser Gegenüber bald nach den weiblichen Mitgliedern seiner Herde sehnen wird. Vergebens. Nach etwa zwei Stunden – die Kälte kriecht langsam in die Knochen – entschließe ich mich dazu, mich im Schutz der Dunkelheit und einzelner Felsen an die Rückseite des Zeltes heranzupirschen. Durch den rückwärtigen Reißverschluss gelingt es mir, wenigstens an unsere Schlafsäcke zu kommen. Der Yakbulle gibt während meines Rückzuges ein paar furchteinflößende Grunztöne von sich, bewegt sich aber keinen Zentimeter vom Fleck. Das ist mir derzeit auch lieber so. Mithilfe der Daunenschlafsäcke wird die mondlose Nacht im Freien erträglich. Wir können dank der vorangegangenen Anstrengung und Müdigkeit sogar immer wieder über längere Zeit schlafen.

„Er ist weg!" – Mit Tagesanbruch hat sich die etwa 30 Stück zählende Herde wieder zu ihren Weideplätzen aufgemacht, und unser Freund ist ihnen offensichtlich friedlich nachgetrottet. Schnell hinunter – das Zelt ist unversehrt, keine Schnur gelockert –, und nun sehen wir, was den schwarzen Riesen angezogen hat! Frühere Benutzer unseres geschützten Zeltplatzes hatten Küchenabfälle, die in dieser Höhe kaum verrotten, an der Steinmauer deponiert: Darauf hatte er es abgesehen und von uns wahrscheinlich noch mehr erwartet! Schnell wird Tee gekocht, damit wir uns aufwärmen, und von unserem Müsli bleibt kein Krümel übrig, um bloß nicht weitere Yaks anzulocken.

Den Kanchenjunga-Gletscher entlang

Der Rückweg nach Lhonak entlang der gewaltigen Gletscherzunge und den Seitenmoränen erfordert keine besondere Anstrengung, aber nach

Der Osten Nepals ist das Siedlungsgebiet der Rai und Limbu. Typisch sind die gepflegten Häuser, die häufig ausgedehnte Streusiedlungen bilden. Die traditionellen Stroh- oder Schindeldächer sind selten geworden, denn sie werden immer häufiger von Wellblech ersetzt.

YAKS: DIE WICHTIGSTEN HIMALAYA-BEWOHNER

Yak heißt eigentlich nur das männliche Tier, die Kühe werden Dri *(*oder im Tibetischen *Nak)* genannt. Die lateinische Bezeichnung *Bos grunniens* findet sich auch im deutschen Namen Grunzochse wieder. In Tibet gibt es immer noch einige Herden mit insgesamt etwa 10.000 Stück Wildyaks (*Bos mutus* – stummer Ochse), die um einiges größer sind als die domestizierte Rasse. Bullen sollen dabei eine Länge von 3,25 Metern und eine Widerristhöhe von 2 Metern bei 1000 Kilo Körpergewicht erreichen. Die Bullen des Hausyaks erreichen 180 Zentimeter Höhe und ein Gewicht von ca. 700 Kilogramm, Kühe wiegen mit ca. 350 Kilo wesentlich weniger. Im Gegensatz zu unseren Hausrindern mit 13 Rippen haben Yaks 14 bis 15 Rippenpaare, wodurch auch ihr Körperbau noch massiger wirkt. Während bei der Wildform fast nur Schwarz und Braun als Fellfarben vorkommen, gibt es bei den gehaltenen Tieren auch hellbraune und fast weiße Varianten. Auffällig ist die ausgeprägte Behaarung mit Langhaar bis zu 13 Zentimeter, das als sogenannte Bauchmähne fast den Boden berühren kann. Zusätzlich sind sie vor der Kälte noch durch eine grobe und eine feine Wollsorte geschützt, die versponnen werden kann und bei den Haustieren nach dem Winter ausgekämmt wird. Aus dem groben Haar werden Zelte, Säcke und Seile gefertigt. Der Yakbulle muss selbst seine Vorhaut noch mit einem feinen Haarkleid vor der Kälte schützen, fühlt sich aber ansonsten selbst bei –40 °C (!) wohler als bei Temperaturen über +20 °C.

Yaks sind mit ihren relativ kleinen, harten Hufen unersetzliche, starke und trittsichere Tragtiere für die Handelskarawanen, wie sie auch von Olangchung Gola seit Jahrhunderten über verschneite Pässe und unwegsames Gelände nach Tibet unterwegs waren. Lasten von 70 Kilogramm bewältigen sie über weite Strecken und können sogar in Höhen bis über 7000 Metern eingesetzt werden!

Die Domestizierung dieser dem Bison und Wisent nahestehenden Rinderrasse fand wohl erstmals um 2500 vor unserer Zeitrechnung – und damit etwa 4000 Jahre nach der unseres Hausrinds – im tibetischen Umkreis statt. Ohne diese genügsamen Tiere, die optimal an die Höhe und die niedrigen Temperaturen angepasst sind, wäre

eine dauerhafte Besiedlung großer Teile des Himalaya und von Tibet gar nicht möglich gewesen.

Neben der Wolle liefern sie auch Fleisch und Milch. In der kurzen Laktationsperiode, die oftmals nur von Juni bis Oktober andauert, geben sie nicht mehr als 400 Liter pro Jahr. Allerdings ist der Fettgehalt der Milch mit 5 bis 8,6 % deutlich höher als bei unserer Kuhmilch. Der Melkvorgang ist allerdings wesentlich komplizierter: Yak-Kühe lassen sich nur melken, wenn jedes Mal zu Beginn und häufig auch noch zwischendurch das Kalb angelegt wird. Die Herstellung von Yakbutter unterscheidet sich ebenfalls von dem bei uns üblichen Verfahren: Zunächst wird die Milch abgekocht und nach Abkühlung die Gerinnung durch eine Joghurtkultur in Gang gebracht. Erst nach einem weiteren Tag wird die Milch im Butterfass geschlagen. Die sich dabei absetzende Buttermilch wird erneut erhitzt und daraus *Churbi*, der tibetische Yak-Käse, gewonnen, der in Brocken getrocknet oder geräuchert auch jahrelang haltbar ist.

In den etwas tiefer gelegenen Regionen sind häufig keine reinrassigen Yaks zu finden, sondern Kreuzungen mit einheimischen Rindern. Die *Dzo* (weiblich) oder *Dzopkio* (männlich) genannten Tiere sind etwas kleiner, im Umgang nicht ganz so schwierig und wild, und sie geben auch mehr Milch. Diese positiven Eigenschaften werden aber meistens nicht über die erste oder zweite Generation hinaus weiter vererbt. Außerdem sind die männlichen Nachkommen unfruchtbar. Dadurch sind immer neue Kreuzungen nötig. Wie in den Nachbarregionen nimmt die Zahl der gehaltenen Yaks (und ihrer Kreuzungen) auch in Nepal kontinuierlich ab. 2013 gab es nur noch 66.000 dieser Tiere, während 50 Jahre früher noch 200.000 gezählt wurden.

Respekt einflößende Begegnungen: Yakherde auf dem Weg zu tiefer gelegenen Weideplätzen und Yak-Kuh mit Kalb.

Die letzten Dörfer (Ghunsa, Olangchung Gola) vor der Almregion werden von tibetstämmigen Bhotias bewohnt, deren Häuser aus grob gehauenen Planken errichtet sind.

dem kalten Abenteuer der letzten Nacht gönnen wir uns hier oben noch eine zusätzliche Übernachtung in der Lodge und genießen die Wärme des prasselnden Feuers im Eisenofen. Die große Portion von *Momos*, den mit Gemüse oder Yakfleisch gefüllten und im Dampf gegarten Teigtaschen, die uns heute Abend mit scharfer Chilisauce serviert wird, lässt uns dann vollends die Schrecken der letzten Nacht vergessen. Wir sind inzwischen gut an die Höhe adaptiert, die leichte Übelkeit und der Druck im Kopf, die wir vor einigen Tagen verspürten, sind verschwunden.

Nach Olangchung Gola

Der Besitzer der Lodge erzählt uns von einem religiösen Fest, das in der nächsten Woche in Olangchung Gola stattfinden soll, einem Dorf in den Bergen, dessen Bewohner aus Tibet stammen. Da wir zeitlich diesmal flexibel sind und unser Rückflug von Taplejung nach Kathmandu noch nicht fixiert ist, liegen fünf Minuten später die Trekkingkarten auf dem Tisch und wir brüten eine Änderung unserer Route aus. Kalyan, unser erfahrener Guide, lässt sich den Weg im Detail erklären und macht sich Notizen. In Phale sollen wir nach dem Schwager unseres Wirtes fragen, der uns ein Stück des Weges zum Nango (Nago) La begleiten kann.

Wir haben Glück: Obwohl es schon Ende November ist, ist auch diese Passhöhe noch schneefrei und wir können über das Tal des Yangma Khola das Dorf Olangchung Gola erreichen. Während wir bisher völlig allein unterwegs waren, überholen uns jetzt auf der letzten Etappe öfters gut gelaunte (oder auch angeheiterte) Pilger, die sich das Fest nicht entgehen lassen wollen. Während zu den Mani-Rimdu-Tänzen in den Klöstern von Thame und Tengboche heute meistens mehr Touristen als einheimische Pilger kommen, findet hier, im Kloster von Dikicholing, tatsächlich noch ein wichtiges religiöses Fest für die Dorfbewohner und Buddhisten aus der Umgebung statt.
Ähnlich wie beim Mani-Rimdu-Fest handelt es sich auch hier um eine Art Mysterienspiel, bei dem in der Form der tibetischen Cham-Tänze zu liturgischer Musik und vorgegebener Choreographie wichtige religiöse Inhalte anschaulich gemacht werden. Teilweise in prächtige Brokatgewänder gekleidet und hinter schweren Masken schwitzend, stellen die Mönche Geister, Götter und Dämonen dar. Die Rituale wurzeln großteils im alten Schamanenglauben und haben mit der buddhistischen Lehre im strengen Sinne nur bedingt zu tun.
Beim Studieren der Karten hatten wir sogar überlegt, von Olangchung Gola aus weiter über den Lumbha-Sambha-Pass in das Arun-Tal hinüberzuqueren. Es wären nur zwei Tage von hier zur Passhöhe. So verlockend es auch wäre, diese Schleife noch anzuhängen, verwerfen wir letztendlich den Plan, da unser Permit nur für das Kanchenjunga-Gebiet gilt. Schließlich trägt auch unser Guide die Verantwortung, dass wir uns nur in dem genehmigten Gebiet bewegen, und wir möchten auf keinen Fall riskieren, dass er seine Lizenz verliert. Mit ziemlicher Sicherheit würden wir beim Verlassen des Arun-Tales an einem der Checkposts abgefangen, hätten mit einer empfindlichen Strafe zu rechnen und wahrscheinlich auch bei zukünftigen Unternehmungen Probleme. Also brav zurück nach Taplejung.
Wie richtig die Entscheidung war, zeigte sich drei Tage später bei einem Schlechtwetter-Einbruch, der uns dort oben in menschenleerer Gegend nahe der tibetischen Grenze mit reichlichen Schneefällen erwischt hätte.

DIE KULTUR DER RAI UND LIMBU

Zwischen dem Arun-Tal und der Grenze zu Sikkim erstreckt sich Limbuwan, das Siedlungsgebiet der Limbu, die sich selbst als *Yakthung* bezeichnen. Zusammen mit den Rai und Sunwar gehören sie zu den sogenannten alt-nepalischen Völkern der Kirati, die tibeto-burmesische Idiome sprechen, schon seit 2000 Jahren hier siedeln und einst mit einem Königreich das Kathmandu-Tal beherrschten. Sie gliedern sich in eine Vielzahl von Clans, die teilweise ganz verschiedene Dialekte sprechen und jeweils eigene Mythen und Legenden erzählen. Während sich – wie überall im indischen Einflussgebiet – hinduistische Strömungen immer mehr durchsetzen, praktiziert der überwiegende Teil der Rai und Limbu noch seine alten Ahnenkulte und animistischen Bräuche. Schamanen spielen dabei eine wichtige Rolle. Ungewöhnlich ist auch die Bestattung der Verstorbenen in Gräbern, häufig durch auffällige weiße Grabsteine gekennzeichnet, während sonst überall in Nepal Verbrennung praktiziert wird. Viele Aspekte ihrer religiösen Traditionen und Kultur gehen auf die Zeit vor der Verbreitung der hinduistischen Veden zurück. Ihr Glaube, *Kirat Mundhum*, ist inzwischen in Nepal als Religion offiziell anerkannt.

Die Siedlungen der Limbu und Rai sind meist gepflegt, die häufig zweistöckigen, adretten Bauernhäuser mit umlaufender Veranda nicht selten mit Balkonblumen geschmückt. Während bei den meisten ihrer Nachbarn Schweine als unrein gelten, werden sie hier in Limbuwan überall gehalten. Sie sind die wichtigsten Fleischlieferanten. Reis und Mais werden auf sorgfältig angelegten Terrassenkulturen für den Eigenbedarf angebaut, selten fallen die Ernten so üppig aus, das größere Mengen verkauft werden können.

Der südliche Teil von Limbuwan, die an Sikkim angrenzende Provinz Ilam, bildet ein traditionelles Zentrum des Teeanbaus. Heute kann Nepal 4000 bis 5000 Tonnen Tee pro Jahr exportieren, der häufig Darjeeling-Tees untergemischt wird. Wesentlich lieber als Tee trinken die Limbu allerdings ihr *Tongba*, ein alkoholisches Getränk aus vergorener Hirse, das, mit warmem Wasser aufgegossen, aus hölzernen Krügen mit einem Bambushalm getrunken wird. Keine Feier, kein religiöses Fest ist ohne reichlichen Konsum dieses Biers vorstellbar.

Bei den Rai und Limbu gibt es in den Gebieten des Pallokirat (südlich des Kangchenjunga) seit alters her eine ganz besondere Form des gemeinschaftlichen Landbesitzes, bei der jeder Angehörige des Clans das Recht hat, landwirtschaftlichen Grund, aber auch Wald in einer bestimmten Größe zu bearbeiten und zu nutzen. Selbst wenn er außerhalb dieser regionalen Grenzen lebt, steht ihm dieses Recht aufgrund der patrilinealen Clanzugehörigkeit zu. Dieser Landbesitz wird *Kipat* genannt, er kann nur an andere Mitglieder des Clans veräußert werden und fällt bei fehlenden Erben an den Clanchef zu neuerlicher Verteilung zurück. Dieses Kipatsystem, das es in keiner anderen Region Nepals gibt, geht wohl auf mongolische Wurzeln zurück. Obwohl es offiziell abgeschafft wurde, wird es noch immer in einigen Gegenden von Limbuwan praktiziert.

Auch wenn der Osten Nepals das Hauptsiedlungsgebiet der Limbu und Rai ist, finden sich hier auch Dörfer anderer Volksgruppen, wie etwa der Gurung, Sherpa oder der aus Tibet zugewanderten Lhomi.

Offen und selbstbewusst: Die Rai gehören zu den alt-nepalischen Gruppen und sprechen ein tibeto-burmesisches Idiom.

Leichter Schneefall in der Nacht verwandelt die Bergstrukturen zu schwarz-weißen Vexierbildern.

Die Sechstausender Mojca und Jaho bei Lhonak im letzten Licht.

Die faszinierende Vielfalt der Orchideen: *Cymbidium iridioides* (rechte Seite) und die weiße *Dendrobium longicornu* sind noch in Höhen von 2000 Metern zu finden. *Dendrobium densiflorum* bildet gelbe, etwa 20 Zentimeter lange Blütentrauben. *Epigeneium amplum* (übernächste Seite) ist eine Orchidee der feuchten Waldzone.

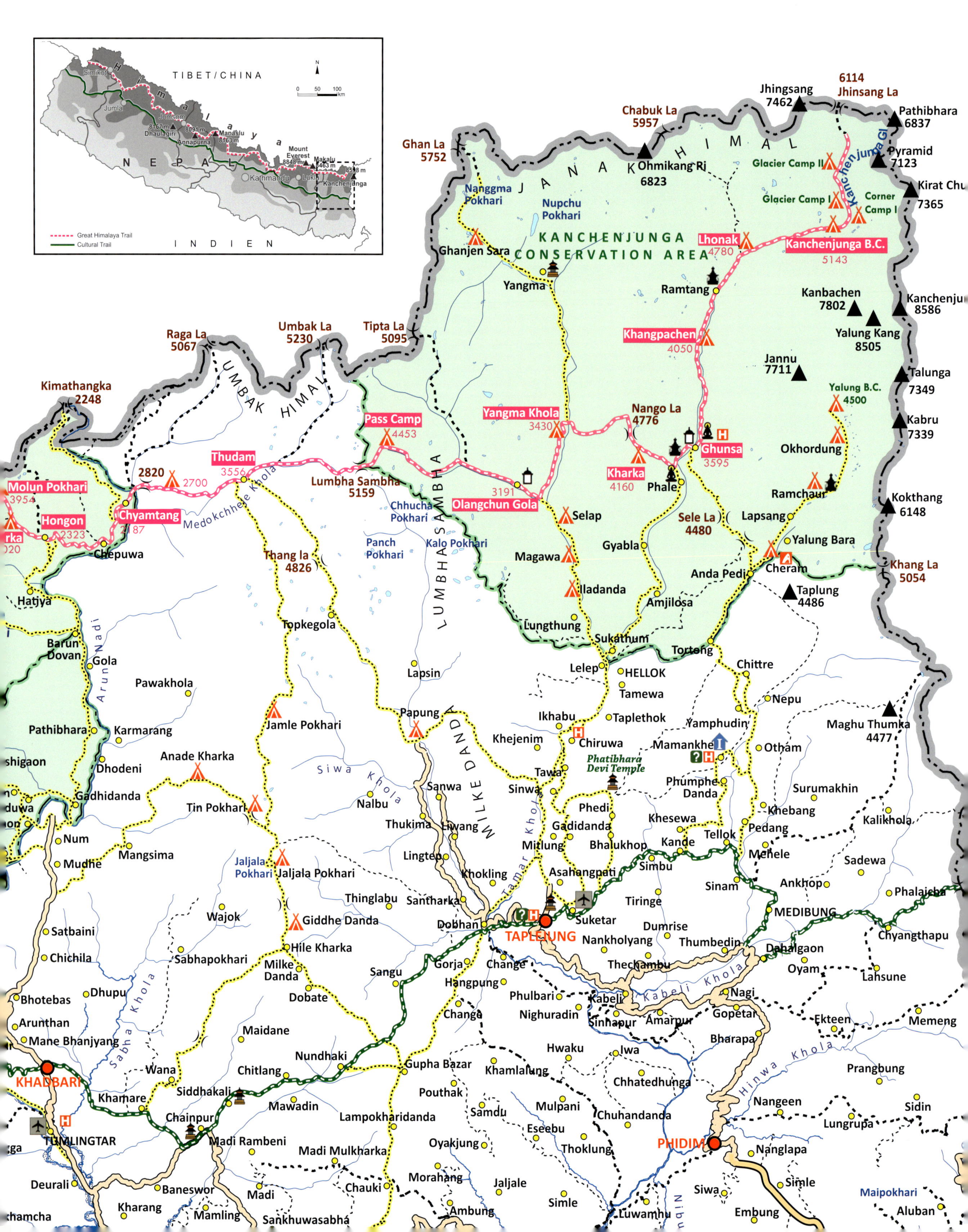
TIBET/CHINA
Simikot
Himalaya
Jumla
Jomsom
8167 m Dhaulagiri
8091 m Annapurna
Manaslu 8163 m
Mount Everest 8848 m
Makalu 8463 m
8598 m Kanchenjunga
Lukla
Kathmandu
NEPAL
INDIEN
Great Himalaya Trail
Cultural Trail
N
0 50 100 km
6114 Jhinsang La
Jhingsang 7462
Pathibhara 6837
Chabuk La 5957
Ghan La 5752
JANAK HIMAL
Ohmikang Ri 6823
Pyramid 7123
Glacier Camp II
Kanchenjunga Gl.
Kirat Chu
7365
Glacier Camp I
Corner Camp I
Nanggma Pokhari
Nupchu Pokhari
KANCHENJUNGA CONSERVATION AREA
Ghanjen Sara
Lhonak 4780
Kanchenjunga B.C. 5143
Yangma
Ramtang
Kanbachen 7802
Kanchenju 8586
Yalung Kang 8505
Khangpachen 4050
Raga La 5067
Umbak La 5230
Tipta La 5095
Jannu 7711
Talunga 7349
Yalung B.C. 4500
UMBAK HIMAL
Kimathangka 2248
Yangma Khola 3430
Nango La 4776
Kabru 7339
Pass Camp 4453
Ghunsa 3595
Okhordung
Thudam 3556
2820
2700
Lumbha Sambha 5159
Kharka 4160
Phale
Molun Pokhari 3954
3191
Olangchun Gola
Ramchaur
Kokthang 6148
Chyamtang 2187
Medokchhede Khola
Chhucha Pokhari
Selap
Sele La 4480
Lapsang
Hongon 2323
Panch Pokhari
Kalo Pokhari
Gyabla
Yalung Bara
Chepuwa
Thang la 4826
LUMBHASAMBHA
Magawa
Anda Pedi
Cheram
Khang La 5054
Illadanda
Amjilosa
Taplung 4486
Hatiya
Topkegola
Lungthung
Sukathum
Torteng
Arun Nadi
Barun Dovan
Gola
Lapsin
Lelep
HELLOK
Chittre
Pawakhola
Tamewa
Nepu
Papung
Ikhabu
Taplethok
Yamphudin
Maghu Thumka 4477
Pathibhara
Karmarang
Jamle Pokhari
Khejenim
Chiruwa
Mamankhe
Otham
Shigaon
Anade Kharka
Dhodeni
Siwa Khola
MILKE DANDA
Phatibhara Devi Temple
Tawa
Sanwa
Sinwa
Phumphe Danda
Surumakhin
Gadhidanda
Tin Pokhari
Nalbu
Phedi
Khebang
Thukima
Liwang
Gadidanda
Khesewa
Kalikhola
Num
Tamar Khola
Pedang
Mangsima
Mitlung
Bhalukhop
Kande
Tellok
Mudhe
Lingtep
Mehele
Sadewa
Jaljala Pokhari
Asahangpati
Simbu
Khokling
Ankhop
Sinam
Phalaicha
Thinglabu
Santharka
Tiriinge
Wajok
MEDIBUNG
Giddhe Danda
Dobhan
Suketar
Dumrise
Satbaini
TAPLEJUNG
Nankholyang
Thumbedin
Chyangthapu
Hile Kharka
Dahalgaon
Chichila
Sabhapokhari
Thechambu
Milke Danda
Gorja
Change
Oyam
Sangu
Lahsune
Hangpung
Kabeli Khola
Dhupu
Dobate
Phulbari
Kabeli
Nagi
Bhotebas
Sabha Khola
Nighuradin
Changa
Sinhapur
Amarpur
Gopetar
Arunthan
Maidane
Ekteen
Memeng
Mane Bhanjyang
Bharapa
Hwaku
Iwa
Nundhaki
Hinwa Khola
Gupha Bazar
Khamlalung
KHADBARI
Wana
Chitlang
Chhatedhunga
Prangbung
Siddhakali
Pouthak
Khamare
Mawadin
Nangeen
Mulpani
Chuhandanda
Samdu
Sidin
Chainpur
Lampokharidanda
Eseebu
Lungrupa
TUMLINGTAR
Madi Rambeni
Oyakjung
Thoklung
PHIDIM
Nanglapa
Madi Mulkharka
Deurali
Morahang
Jaljale
Chauki
Siwa
Simle
Baneswor
Madi
Maipokhari
Kharang
Simle
Mamling
Ambung
Luwamhu
Embung
Aluban
Sankhuwasabha

TREKKING KANCHENJUNGA

Als Varianten des üblichen Kanchenjunga-Trekks (1) zum nördlichen Basecamp bietet sich mit einigen Tagen Verlängerung die Kombination über den Sinion La oder Mirgin La mit dem südlichen Basecamp an, wodurch man eine Schleife geht. Oder auch ein Start von Tumlingtar aus, mit dem allmählichen Anstieg über die Vorberge des Milke Danda mit seinen berühmten Rhododendren (am schönsten zur Blütezeit im April/Mai), bevor man in die kälteren Bergregionen vorstößt.
Vom Basecamp aus kann man auch noch höher und weiter nach Norden bis zum Jhinsang La (6114 m), dem offiziellen östlichen Startpunkt des Great Himalaya Trail, aufsteigen.

GHT

Beginn an der Grenze zu Sikkim (Jhinsang La, 6114 m), bisher kein Grenzübertritt möglich, deshalb Zustiege wie unter Kanchenjunga Basecamp Trekk (1), auf den man bei Phale/Ghunsa (3595 m) stößt, beschrieben. Ab Phale bis Olangchung Gola (3191 m) Teil von Trekk 2. Ab hier weiter wie bei Trekk 3 über den Lumbha-Sambha-Pass (5159 m) und durch unbewohntes Gebiet bis zur abgelegenen Siedlung Thudam im oberen Arun-Tal und den anderen noch sehr ursprünglichen Lhomi-Dörfern Chyamtang, Chepuwa und Hatiya. Über Hongon für mehrere Tage durch völlig unbewohntes und teilweise wegloses Gelände (insbesondere entlang der tibetischen Grenze), das nur mit einem ortskundigen Führer begangen werden sollte, bis man im Barun-Tal bei Yangla Kharka schließlich auf die Makalu-Basecamp-Route stößt.
Dauer: 14 Tage (Start am Kangchenjunga Basecamp bis Barun-Tal)

Olangchung Gola (2)

Umweg über den an einem alten Karawanenweg gelegenen Ort Olangchung Gola, dessen Bewohner immer noch Handel über den Tipta La (5095 m) mit Tibet treiben. Eine kulturelle Besonderheit sind die Maskentänze beim Phutuk-Fest im November/Dezember! Teil des GHT
Schwierigkeit: mittlerer Schwierigkeitsgrad, Wege einfach zu finden, gute Kondition notwendig
Höchster Punkt: Nango La (4776 m)
Übernachtung: Zelttrekking wird empfohlen, sehr einfache Unterkunft in Teehäusern nur teilweise möglich
Start und Ziel: Taplejung, per Jeep (umständlich) oder Inlandsflug erreichbar
Dauer: in Verbindung mit dem Kanchenjunga Basecamp Trekk (1) insgesamt 4 Wochen
Reisezeit: April bis Juni und Oktober bis Dezember

Kanchenjunga Basecamp (1)

Abwechslungsreicher Trekk zum Basislager am Fuß des dritthöchsten Berges der Erde in imposanter Landschaft. Teil des GHT
Schwierigkeit: mittlerer Schwierigkeitsgrad, gute Kondition notwendig, Wege leicht zu finden
Höchster Punkt: am Basecamp (Pangpema, 5143 m)
Übernachtung: Lodge-Trekking seit kurzem möglich, aber immer noch häufig als klassisches Zelttrekking mit Guide begangen
Start und Ziel: Taplejung, per Jeep (umständlich) oder Inlandsflug erreichbar
Dauer: 3 Wochen
Reisezeit: April/Mai (Rhododendronblüte!) und Oktober/November

Lumbha Sambha (3)

Nur selten begangener Übergang aus dem Kanchenjunga-Gebiet in das obere Arun-Tal, das von den Lhomi bewohnt wird. Teil des GHT
Schwierigkeit: Die Route führt teilweise durch unbewohntes Gebiet, schwieriges, manchmal sehr steiles Gelände, kaum Markierungen. Höhenunterschiede teils mehr als 1000 Meter; sehr gute Kondition erforderlich
Höchster Punkt: Lumbha-Sambha-Pass (5159 m)
Übernachtung: Nur als Zelttrekking mit voller Ausrüstung und Verpflegung möglich, ortskundiger Guide empfehlenswert
Start: Taplejung, das per Jeep (umständlich) oder Inlandsflug erreichbar ist
Ziel: Num im Arun-Tal, von dort per Jeep zurück bis Tumlingtar Airport
Dauer: 3 Wochen
Reisezeit: März bis Juni und September bis November

MAKALU – ARUN

Zuflüsse aus Tibet speisen den Oberlauf des Arun, dessen Wassermassen in naher Zukunft mit einem gigantischen Kraftwerksprojekt einen wesentlichen Beitrag zur Stromversorgung Nepals, aber auch Nordindiens beitragen werden. An beiden Ufern siedeln in gepflegten Dörfern die Rai, die einem alten, vom Hinduismus unabhängigen Volksglauben anhängen. Neben Reis, Hirse und Mais wird vor allem Kardamom als Gewürzpflanze angebaut. In den oft unberührten Wäldern existiert eine abwechslungsreiche und vielfältige Fauna und Flora mit besonders vielen Rhododendren sowie Orchideenarten, die fast zu jeder Jahreszeit blühen.

Nach einem der längsten innernepalischen Flüge mit heftigen Turbulenzen durch eine Wolkenfront über dem Solu-Gebiet südlich des Everest sind wir heilfroh, sicher in Tumlingtar zu landen, auch wenn die Landungspiste ein holpriges Feld ist. Feucht-heiße Luft schlägt uns entgegen: indische Temperaturen auf nur 400 Meter Seehöhe. Unser Führer Kalyan hat schon einen offenen Jeep organisiert. Rasch wird das ganze Gepäck auf den Dachträger gehievt und festgezurrt. Mein Einwand, dass ein Hinterreifen doch schon sehr abgefahren sei, wird mit einem „No,no, it's okay" abgetan. Wir zwängen uns auf den harten Sitzen zusammen, und schon geht es los.

Die ersten zwei Stunden haben es in sich: Der Jeep wirbelt eine riesige Fahne von orange-rotem Staub auf, der das gesamte Innere des Fahrzeugs – uns eingeschlossen – mit einer feinen Schicht überzieht. Als wir die ersten Vorberge erreicht haben und das Erdreich auf der Piste mit zunehmender Höhe aus soliderem Material besteht, legen sich die Staubwolken und wir können die wunderschöne subtropische Landschaft genießen. Nach einer kleinen Teepause auf dem großen Marktplatz in Chihira geht es weiter in Richtung Num.

Nach zwei weiteren Stunden auf holprigen Straßen mit entsprechend schmerzendem Gesäß und Rücken wird der Jeep plötzlich langsamer. Der Fahrer öffnet die Tür, sieht hinaus und meint: „Oh, flat tire!" Da haben wir also unsere Reifenpanne. Ich bin um die Gelegenheit, auszusteigen

„Der große Schwarze": Mit 8485 Metern der fünfthöchste Berg der Erde, wird der Makalu neben Mount Everest, K2, Kanchenjunga und Lhotse zu den „Big Five" gezählt.

Grundlage für ein vielerorts geschätztes Gewürz: Kardamomsamen reifen am Boden und werden mühsam in gebückter Haltung mit einer kleinen Sichel geerntet (rechte Seite). Die frisch geernteten rötlichen Samenkapseln des Kardamom (oben) werden anschließend getrocknet und geröstet.

und mir die Füße etwas zu vertreten, nicht undankbar! Mit geübten Griffen wird ein anderer, nur geringfügig mehr Vertrauen erweckender Reifen montiert und weiter geht's. Je mehr wir uns Num, dem Ende der Sandpiste, nähern, desto häufiger kommen uns schwer bepackte Maultierkarawanen entgegen. „Die bringen den Kardamom in die Stadt", erklärt Kalyan Rai.

Nepal ist vor Indien und Bhutan der weltgrößte Produzent von schwarzem Kardamom (*Amomum subulatum*), der in der indischen Küche für pikante Gerichte – keine Masala-Gewürzmischung ohne Kardamom – wie auch in der chinesischen Medizin verwendet wird. Das bei uns für Lebkuchen und andere Weihnachtsbäckereien verwendete Gewürz ist übrigens der grüne Kardamom und wird aus einer anderen Pflanze gewonnen.

Im späten Nachmittagslicht leuchten die Reisfelder in einem sanften, hellen Grün, das hier und da schon einen Gelbstich hat. Die vollen Ähren neigen sich, bis zur Reisernte dauert es nicht mehr lang! Alle ebenen Landstücke, und wenn es nur ein oder zwei Meter sind, werden für Terrassen zum Anbau von Reis ausgenützt. Nur in noch schwieriger zu bearbeitendem, steilerem oder unfruchtbarem Terrain wird der genügsame Kardamom angebaut.

Unser Koch besorgt auf dem Markt in Num noch rasch das letzte frische Gemüse, denn ab hier geht es zu Fuß weiter, und was die kleinen Gärten am Rande der Dörfer, durch die wir kommen, noch abwerfen, brauchen die Bewohner zur Selbstversorgung. Eine gekochte Bananenblüte erweist sich ebenso als willkommene Abwechslung des Speiseplanes wie gedünstete Farn-Schösslinge.

Der Arun ist einer der mächtigsten Flüsse im Himalaya. Er entspringt auf der Hochebene von Tibet, heißt nach seiner Vereinigung mit dem Sunkoshi und dem Tamor dann Koshi und mündet schließlich weiter südlich in Indien in den Ganges. In den 1990er-Jahren hatte es Pläne gegeben, die Fluten des Arun für ein riesiges Wasserkraftwerk zu nutzen. Die Weltbank und die Asian Development Bank sollten das Projekt finanzieren. Dagegen erhoben sich Proteste vor allem nepalischer Bürgerrechtsgruppen, NGOs und anderer Aktivisten, denn die Sicherheit des geplanten Staudamms ist in dieser äußerst erdbebengefährdeten Himalaya-Region nicht zu gewährleisten, und ein Dammbruch hätte verheerende Folgen für die stromabwärts lebenden Menschen. Aufgrund der Proteste zogen sich die Geldgeber 1995 aus dem Projekt zurück.

Unser Trail geht weiter, teilweise hoch über, teils neben dem tosenden Arun. Mit zunehmender Höhe wird das Klima rauer, hier gedeiht auch Kardamom nicht mehr, die Dörfer werden ärmer und rückständiger. Die hier lebenden freundlichen Lhomi sind eine kleine Gruppe, deren Vorfahren ursprünglich aus Südtibet eingewandert sind. Sie haben kaum Möglichkeiten, sich ein Zubrot zu verdienen, und müssen von dem leben, was sie dem steilen und steinigen Gelände abringen können. Schafzucht ist nebenbei noch in bescheidenem Umfang möglich. Hatiya, die letzte größere Ansiedlung, hat ihren sehr ursprünglichen Charakter bewahrt. Die ein- oder zweistöckigen Häuser aus grob gehauenen Feldsteinen und Holz sind mit Dächern aus Bambusmatten bedeckt.

Schamanismus und Geisterglaube

Nach Einbruch der Dunkelheit lassen uns Klänge von Zimbeln, Trommeln und Blasinstrumenten, die vom anderen Ende des Ortes herkommen, aufhorchen. Wir mischen uns zwischen die Dorfbewohner, gehen der Musik nach und erreichen schließlich ein Haus, in dessen ersten Stock ein ständiges Kommen und Gehen herrscht. Man fordert uns auf, in den dunklen, von Öllämpchen nur schwach beleuchteten Raum einzutreten, und weist uns Plätze auf dem Fußboden zu. Auf der einen Seite des Raumes sitzen die Musiker und ein Lama oder Schamane, ihnen gegenüber die Familie der Hausbesitzer und im Eingangsbereich Nachbarn und Freunde – und wir. Vor allem die Älteren sprechen dem *Tongba*-Bier zu, einem Brei aus vergorener Hirse (*Kodo ko Jaanr*), der immer wieder mit heißem Wasser aufgegossen und durch ein dünnes Bambusrohr (*Pipsin)* getrunken wird. Auch wir bekommen es in hölzernen Krügen (*Dhungro*) angeboten und kommen nicht umhin, es zu trinken.

Einige Lhomi-Frauen bringen auf blankpolierten Messingtellern Blumen, Reisschösslinge und andere Opfergaben dar, wohl im Gedenken an einen kürzlich Verstorbenen und auch als Ernte-

SCHWARZER KARDAMOM

Die zur Familie der Ingwergewächse gehörende Gewürzpflanze wird erst seit den 1980er-Jahren in Ostnepal kultiviert, hat aber rasch an Beliebtheit gewonnen, da schon nach drei Jahren die ersten Ernten eingebracht werden können. Kardamom wird in Kombination mit der Himalaya-Erle (*Alnus nepalensis*) gepflanzt, die den notwendigen Halbschatten spendet und – ähnlich den Leguminosen – den Boden mit Stickstoff anreichert und damit düngt. Der Ertrag lässt sich durch diese Symbiose fast verdoppeln!

Die zwei bis drei Meter hohen Kardamompflanzen, deren Blätter einer Bananenstaude ähnlich sind, kommen fast ohne Stiel direkt aus dem Erdreich. Knapp über dem Boden, zwischen den Schösslingen, entwickeln sich die Blütenstände und später die dunkelroten Samenkapseln, die mit einem kleinen sichelartigen Messer geerntet werden.

Am Rande der Dörfer sehen wir *Bhattys* stehen, primitive Dörranlagen, aus denen hohe Rauchschwaden aufsteigen. Hier werden die Samenkapseln weiterverarbeitet: Der Kardamom wird über einem kleinen Feuer getrocknet und geröstet, dabei muss darauf geachtet werden, dass er nicht schwarz, sondern nur braun oder rot bis pink wird.

Der Preis, den die Bauern erzielen können, ist sehr von der Qualität abhängig. Auf einem *Ropani*, einer Fläche von ca. 500 Quadratkilometern, können in guten Jahren bis zu 30 Kilogramm geerntet werden – mit einem derzeitigen Marktwert von ca. zwei Dollar pro Kilogramm.

Der genügsame Kardamom wird damit zu einem idealen „Cash Crop", denn er ist eine Anbaufrucht, die die Bauern vermarkten können, ohne dadurch ihre eigene Lebensmittelproduktion zu gefährden, anders als zum Beispiel der Anbau von Khat im Jemen, der dort den Getreideanbau völlig zurückgedrängt hat.

Graffiti: Im Arun-Tal nördlich von Num verzieren die Frauen ihre Häuser mit geometrischen Mustern. Zum Auftragen der Mineralfarben werden aufgefaserte Pflanzenstiele als Pinsel verwendet.

dank. Das muntere Geschwätz der Gäste, unterbrochen von gelegentlichen Trommelschlägen und Trompetenklängen, begleitet die monotonen Litaneien der Priester. Nur bedingt haben die hiesigen religiösen Vorstellungen und Praktiken mit dem Buddhismus zu tun, überwiegend werden sie vom alten Bön-Glauben, animistischen Überlieferungen und Geisterglauben geprägt: Alle Menschen tragen Amulette und an den Häusern finden sich Darstellungen von Schutzgottheiten und Dämonen.

Vor dem Aufbruch am nächsten Tag besuchen wir den Lama des Dorfes und bitten ihn, uns Holzdrucke auf Lokta-Papier zu machen. Es wird seit alters her aus der Rinde eines wild wachsenden Seidelbaststrauches (*Daphne cannabina* oder *Daphne papyracea*) hergestellt, ist besonders fest und lange haltbar und wurde deshalb früher für alle offiziellen Dokumente in Nepal verwendet. In Europa wird es häufig mit dem sogenannten Reispapier verwechselt. Zur Herstellung des Papiers wird die getrocknete Rinde des Loktastrauches in einer Aschelösung gekocht und dann zerkleinert, wobei die Fasern auf einem flachen Stein mit dem Holzhammer geschlagen werden, bis eine Paste entsteht. Mit Wasser verdünnt wird sie auf einem feinen Sieb vorsichtig verteilt und geschwenkt, bis nur noch eine hauchdünne Schicht übrig bleibt, die dann in der Sonne getrocknet wird.

Der alte Schamane fertigt uns einige Abzüge von seinen alten Holzdruckstöcken, als Druckerfarbe benutzt er Ruß, den er vom Boden seines Teekessels abschabt und mit etwas Wasser anrührt. Die Drucke zeigen Wesen, halb Mensch, halb Tier, umrahmt von Gebeten in tibetischer Schrift: Diese *Gorung* genannten Bilder (siehe Abb. im Einband) werden zur Abwehr von allem Unheil über den Hauseingängen angebracht.

Ob die Götter Hatiya wohl vor den negativen Auswirkungen der großen Veränderungen schüt-

zen können, die Fortschritt und Geld in diese Region bringen werden? Ein gigantisches Kraftwerksprojekt soll jetzt doch an der Flussbiegung unterhalb des Dorfes entstehen, mit einem Druckstollen zu den tieferliegenden Turbinenanlagen. Nach derzeitigen Plänen soll es ein sogenanntes *Run of the river*-Werk ohne größere Staudämme werden. Die Fertigstellung ist für das Jahr 2020 geplant. Zur Errichtung dieses riesigen Wasserkraftprojekts (Arun 3) hat die nepalische Regierung ein Abkommen mit einem indischen Konsortium getroffen. Die Kosten des Projektes werden zur Gänze die Inder tragen. Als Gegenleistung soll Nepal für die Dauer von 30 Jahren nur ca. 20 % der geplanten 900-Megawatt-Leistung erhalten, der Rest soll nach Indien exportiert werden. Für den Bau der Anlage müssen mindestens 200 bis 300 Familien aus der Region um Sankhuwasabha umgesiedelt werden. Angeblich werden in der Bauphase aber auch 3000 Arbeitsplätze entstehen, die der lokalen Bevölkerung zugutekommen sollen.

Kritiker sagen, der Anteil am Ertrag für Nepal sei viel zu klein, doch die Befürworter überwiegen: 20 Jahre Energieknappheit und tägliche Stromausfälle im ganzen Land – auch in Kathmandu gibt es Elektrizität immer nur für einige Stunden in verschiedenen Stadtteilen – sprechen für sich! Auch im Arun-Tal selbst scheint der überwiegende Teil der Bevölkerung große Erwartungen in dieses Projekt zu setzen: Die positiven Aspekte wie Straßenbau, Arbeitsplätze und Versorgung mit Elektrizität lassen die Befürchtungen hintanstehen.

Priester und Schamanen werden noch viele *Puja* (religiöses Ritual, um den Göttern Ehre zu erweisen) abhalten und Opfer darbringen müssen, um *Yiwa,* die im Arun-Fluss lebende Gottheit, zu besänftigen, damit sie wegen der geplanten Eingriffe in ihr Revier nicht zürnt und Unheil über die Bewohner bringt.

Abwehrzauber: Die Lhomi in Hatiya bringen Drucke mit mystischen Gestalten und Gebeten über den Hauseingängen an. Diese Holzdrucke werden von den lokalen Lamas oder Schamanen eigens für diesen Zweck hergestellt.

DIE VIELFALT DER RHODODENDREN

In den östlichen Landesteilen findet sich die größte Vielfalt an Rhododendren und Azaleen, von kleinen Bodendeckern fast an der Schneegrenze, die nur ein paar Zentimeter hoch werden, bis zum baumhohen, rot blühenden *Rhododendron arboreum (Lali Gurans)*, dem Nationalbaum Nepals, der oft 20 Meter und größer wird (Abb. rechts).

Die besonders niederschlagsreichen Gebiete zwischen dem Arun-Tal und dem Kanchenjunga-Gebiet sind ein einziger Rhododendronpark. Im Frühjahr verwandeln sich ganze Bergrücken in ein Meer von weiß bis in alle Rotschattierungen wechselnden, aber auch gelb erstrahlenden Blütenbüschen. Auch die Stämme und Äste der Rhododendren faszinieren durch die lebhaften und vielfarbigen Strukturen der Rinde.

Während der Baum-Rhododendron kaum Minusgrade verträgt, fühlen sich der nur ca. 80 Zentimeter hoch werdende Hochgebirgsrhododendron (*Rh. lepidotum* – in Nepali *balu* oder *chiniya gurans* genannt) mit purpurfarbenen bis weißen Blüten und der noch kleinere Zwergrhododendron (*Rh. anthopogon*) mit ganz kleinen weißlichen Blüten in Höhen bis 4800 Metern und ausreichend langen Frostperioden wohl. Von diesen Sträuchern werden die Blätter (*Sun Pati* = Goldblatt) gesammelt und bei zahlreichen religiösen Zeremonien, teilweise gemischt mit Wacholderzweigen, als Weihrauch benutzt. Sowohl Hindus als auch Buddhisten verwenden dieses Räucherwerk. Am Stupa in Bodnath werden diese Pflanzenteile in Läden mit religiösen Gebrauchsartikeln aus großen Säcken zum Verkauf angeboten. Es ist nicht einmal notwendig, die Blätter zu verbrennen, selbst eine milde Erwärmung durch die Sonne lässt *Sun Pati* einen sehr angenehmen, würzigen Duft verströmen, der an eine Mischung aus Zimt, Nelke und Pfeffer erinnert. Selbst nach 20 Jahren Aufbewahrung in einem luftdicht verschlossenen Glasgefäß ist das Aroma noch stark und präsent.

Dem Hochgebirgsrhododendron wird eine psychoaktive Wirkung nachgesagt, was seine Verwendung in zahlreichen Räuchermischungen von Schamanen im ganzen Himalaya-Gebiet und besonders bei den Tamang und Kirati erklärt. Weitere Bestandteile solcher Mixturen, mit denen sich Schamanen

und Geisterheiler in Trance versetzen lassen, sind häufig *Ganja* (Cannabis), *Datura* (Stechapfel) und bestimmte Pilze.

Viele Rhododendronarten sind giftig und enthalten Grayanotoxine. Über die Blüten und den Nektar sollen die psychoaktiven Stoffe sogar den Honig anreichern und durch ihn wirksam sein. Schon aus dem Altertum gibt es Berichte über den sogenannten „Tollhonig".

Sun Pati: Die aromatisch duftenden Blätter des _Rhododendron anthopogon_ (unten und rechts in großflächigen Matten) finden in zahlreichen religiösen Feiern und schamanistischen Zeremonien als Räucherwerk Verwendung.

Ende Oktober steht der erntereife Reis bei Num auf den jetzt trockengelegten Terrassen in leuchtendem Gelb. Für die ausschließlich manuell durchgeführte Ernte wird jeder gebraucht, sodass auch entfernt lebende Familienangehörige oft zur Erntehilfe in ihr Dorf zurückkehren.

Auf dem Weg ins Makalu Basecamp: Ein Bergrücken *(Lekh)* nach dem anderen reiht sich beim Blick vom Keke La (4127 m) gegen Süden.

Folgende Doppelseite: Religiöse Zeremonie in einem Privathaus in Hatiya.

Alte anglo-indische Silbermünzen schmücken den traditionellen Hut einer alten Lhomi.

Der Priester-Schamane von Hatiya trägt die *Mala*, eine buddhistische Gebetskette. Die 108 Perlen stehen für die 108 Bände des Kanjur, des tibetischen Kanons heiliger Texte.

Folgende Doppelseite: Gespenstische Stimmung in den Regenwäldern nördlich von Hatiya.

Im Arun-Tal bei Num: Reis wird im bewässerten Terrassenanbau bis weit über 2000 Meter angebaut, im Trockenfeldanbau mit speziellen Sorten (z. B. in Bhutan) bis auf fast 3000 Meter Höhe. Die Reisterrassen strukturieren die Landschaft mit Höhenlinien wie auf einer topographischen Landkarte (oben rechts). Der reife Reis (oben links) wird mit der Hand geschnitten und zum Trocknen ausgelegt (unten links). Die abgeernteten Felder werden für eine zweite Fruchtfolge mit Winterweizen oder Wintergerste wieder bewässert (unten rechts).

Sagarmatha
Everest, Chomolungma)
8848
Lhotse
8414
Makalu
8468
Island Peak
6489
Baruntse
7152
CHAMLANG HIMAL
Chhiranchoma La
4387
Popti La
4200
Kimathangka
2248
Raga La
5067
Umbak La
5230
Tipta La
5095
UMBAK HIMAL
Pass Camp
4453
Thudam
3556
2820
2700
Lumbha Sambha
5159
Chhucha Pokhari
Panch Pokhari
Chyamtang
3187
Medokchhede Khola
Molun Pokhari
3954
Hongon
2323
Dhungge Kharka
3590
Bakim Kharka
3020
Chepuwa
Cave Camp
3115
Swiss B. C.
5150
5688
4730
Amphu Labtsa
5845
West Col
6190
6180
Sherpani Col
Makalu B. C.
4870
Langmale Kharka
4410
Kharka
4097
Kalo Pokhari
4192
Hatiya
Yangri Kharka
3557
Amphu Labtsa B.C.
5527
Honku Basin
5500
Isuwa La
5340
Thang la
4826
Topkegola
Dablam
Hunku
6119
Chamlang
7321
Nehe Kharka
Barun Nadi
Barun Dovan
Gola
Mumbuk
Isuwa Khola Camp
Honku Khola Camp
Pawakhola
Arun Nadi
Keke La
4127
Dupu Kharka
Khongma
Pathibhara
Karmarang
Jamle Pokhari
Mera La
5415
Kongme Dingma
MAKALU BARUN NATIONAL PARK
Alldanda
Tashigaon
Dhodeni
Anade Kharka
Siwa Khola
Obapti Pokhari B.C.
Unshisa
Narbugaon
Seduwa
Gadhidanda
Tin Pokhari
Nalbu
Mera Peak
5461
Dudh Kund
Apsua Khola
Mulgaon
Num
Mudhe
Mangsima
Saisimma
Walung Phedi
Jaljala Pokhari
Mosom Kharka
Honku Khola
Sangkhuwa Khola
Chhoyang
Parangbu
Thinglabu
Wajok
Giddhe Danda
Kholakharka
Panch Pokhari
Sikidim
Mangtewa
Satbaini
Chichila
Hile Kharka
Sabhapokhari
Tamku
Yaphu
Bala
Tombe
Milke Danda
Sangu
Chalemkharka
MAKALU BARUN BUFFER ZONE
Simurlagoth
Kolba
Dhupu
Dobate
Najingdingma
Sibuje
Sisuwa
Sisuwa Khola
Bhotebas
Sabha Khola
Khiraule
Bamling
Arunthan
Maidane
Chheskam
Mulang
Mane Bhanjyang
Bung
Gudel
Silicho Danda
Sitalpati
Chandapur
Nundhaki
Pawai
Sorun
Salpa Pokhari
Chaukidanda
KHADBARI
Wana
Chitlang
Shivtar
Sanam
Chhyaksila
Khatamma
Mulpani
Khamare
Siddhakali
Mawadin
Nurkum
Chainpur
Lampokharidand
Ghyankharka
Kudakkaule
TUMLINGTAR
Madi Rambeni
Chitre
Nagdaha
Tunchegga
Madi Mulkharka
Dobhane
Kurima
Khartimchha
Dhupikharka
Deurali
Baneswor
Chauki
Budhidanda
Parma-Ri
Bhutedaha
Nigale
Madi
Kharang
Mamling
Boya
Bekhamcha
Sankhuwasabha
Yangpang
Ankhibhui
Dandagaon
Helauchha
Basantapur
Pyauli
Chanuwa
Siddheswor
Bhaisaipankha
Charambi
Arkhaulejitpur
Dangapa
Tiwari Bhanjyang
Dama
Yaku
Leguwaghat
Murtidhunga
Marse
BHOJPUR
Aamtep
Jorpati
Hamarjung
Kattike
Chautara
Gunrase
Tankhuwa
Basteem
Lekharka
Dalgaon
Taksar
Phalate
Parkhibas
Bhulke
Muga
Bhirgaon
Salle
Khidima
Aurn Khola
TIBET/CHINA
Himalaya
Simikot
Jumla
Jomsom
Dhaulagiri
8167 m
8091 m
Annapurna
Manaslu
8163 m
Mount Everest
8848 m
Makalu
8463 m
8598 m
Lukla
Kanchenjunga
Kathmandu
NEPAL
INDIEN
N
0
50
100
km
Great Himalaya Trail
Cultural Trail

TREKKING MAKALU – ARUN

GHT

Aus dem Arun-Tal kommend, trifft der GHT im Barun-Tal bei Yangla Kharka auf den ohne Probleme zu gehenden Normalweg zum Makalu Basecamp. Von dort über teils unwegsames Gelände und Moränen steil hinauf über den Sherpani Col (6180 m) in das menschenleere Honku und weiter über den West Col zum Amphu Labtsa (5845 m).

Dauer: Für diesen Teil des GHT sind 3 Wochen zu veranschlagen.

Camp in Yangri Kharka auf dem Trekk ins Makalu Basecamp, ein unbekannter Sechstausender im Hintergrund.

Makalu Basecamp

Inlandsflug oder mindestens zwei Tage Busreise nach Tumlingtar, von dort über Khadbari mit dem Jeep nach Num. Ab hier zu Fuß steiler Anstieg über den Tutu (Shipton) La, um in das Barun-Tal zu kommen. Mit ständigem Anstieg über Langmale weiter bis zum Basecamp auf 4870 Metern. Von dort sind weitere interessante Ausflüge, z. B. zum Makalu Highcamp oder entlang der Gletscher, möglich.

Schwierigkeit: Trails meist gut zu finden. Gute körperliche Fitness und Ausdauer notwendig

Höchster Punkt: in der Nähe des Makalu Basecamps (4870 m)

Übernachtung: In der Hauptsaison kann man in einigen sehr einfachen Teehäusern (sie verdienen die Bezeichnung Lodge nicht immer) übernachten. In der Nebensaison geschlossen! Zelttrekking und Guide empfehlenswert

Start und Ziel: Tumlingtar, per Inlandsflug oder zweitägiger Busreise erreichbar

Dauer: 2 bis 3 Wochen

Reisezeit: April/Mai sowie Oktober/November

Übergang vom Makalu Basecamp über Honku ins Everestgebiet

Der höchste und technisch schwierigste Teil des GHT, der nur für Trekker mit Alpin- und Eiserfahrung möglich ist. Zwei hohe Pässe – West Col mit 6190 Metern und Sherpani Col mit 6180 Metern (alternativ auch über den 6190 Meter hohen East Col) – sind zu überschreiten mit einer Übernachtung in 6050 Metern Seehöhe! Abseilen am Amphu-Labtsa-Pass, und über Chhukung nach Tengboche und Lukla. Um den schwierigen Amphu Labtsa zu vermeiden, ist – mit einigen Umwegen – das Verlassen des Honku über Kongme Dingma entlang der Mera-Peak-Route bis nach Lukla möglich.

Schwierigkeit: schwieriges Gelände mit sehr steilen Abschnitten, Tagesetappen mit Höhendifferenzen von mehr als 1000 Metern. Seil- sowie Kletter- und Eisausrüstung und vor allem sehr gute körperliche Fitness und Erfahrung notwendig

Höchster Punkt: Sherpani Col (6180 m)

Übernachtung: Nur als voll ausgerüstetes Zelt-Trekking mit erfahrener, ortskundiger, einheimischer Crew möglich

Start: Tumlingtar, per Inlandsflug oder zweitägiger Busreise erreichbar

Ziel: Lukla, von dort Rückflug nach Kathmandu

Dauer: mindestens 4 Wochen

Reisezeit: April bis Juni und Oktober/November

EVEREST – KHUMBU

Khumbu, die südlich des Everest gelegene Gegend, in der sich vor ein paar hundert Jahren die aus Tibet stammenden Sherpas niederließen, ist mit Sicherheit das inzwischen am besten erschlossene Trekkinggebiet Nepals. Hier gibt es teilweise schon eine Infrastruktur, die den Vergleich mit den europäischen Hochalpen nicht zu scheuen braucht. Auch wenn man zu den bevorzugten Wanderzeiten den anderen Touristen kaum ausweichen kann, da fast alle den gleichen Trail für Hin- und Rückweg nehmen müssen, bleibt die atemberaubende Landschaft, etwa wenn man entlang des Imja Khola auf die Ama Dablam zugeht.

Unsere erwachsenen Kinder hatten sich gewünscht, einen Everesttrekk mit uns zu machen. Im Herbst 2007 ist es so weit. Im Vorfeld haben wir zwar gehört, dass es nach wie vor politische Unruhen gibt und auch nach der Absetzung des Königs und der Ausrufung der Republik bei Weitem noch kein stabiler Zustand herrscht. Wir hoffen jedoch, dass davon in der Provinz nur wenig zu spüren sein wird. Bedingt durch Streiks und Demonstrationen zeigt sich Kathmandu noch chaotischer als gewohnt, und wir sind froh, in letzter Minute noch unseren Flug nach Lukla zu erreichen. Kaum dass wir uns angeschnallt haben, lässt der Pilot die Motoren aufheulen, und mit Vollgas heben wir ab. Die Sicht wird immer klarer, und schon bald sind die Eisriesen der Himalayakette auszumachen. Unter uns zeichnen sich die Terrassenfelder an den Berghängen, auf denen jetzt die Reisernte beginnt, in ihren verschiedenen Braun- und Gelbtönen wie graphische Strukturen ab. Gaurishankar und Cho Oyu zeigen sich klar am Horizont, und schon schwenkt die Maschine in Richtung Norden zum Landeanflug auf Lukla. Obwohl die stark ansteigende Landepiste inzwischen asphaltiert ist, gilt sie immer noch als eine der gefährlichsten weltweit. Gerade im Jahr zuvor war eine Maschine verunglückt, als sie mit einem Flügel einen knapp neben der

Der östlich von Namche Bazar gelegene Sechstausender Thamserku im Hinku Himal, vom Dudh Kosi aus gesehen.

Vom 1990 nach einem Brand wiederaufgebauten Kloster Tengboche blickt man zum wolkenverhangenen Everest-Massiv (links). Die Szenerie beherrscht jedoch die mit 6858 Metern fast 2000 Meter niedrigere Ama Dablam (rechts).

Rollbahn liegenden Felsen streifte. Mein Sohn und seine Freundin sind nicht die einzigen Fluggäste, die etwas bleich im Gesicht sind, als der Pilot den Flieger schließlich zum Stehen bringt. Der Schweizer Pilot Hardy Fuerer, der uns 1972 in seiner Pilatus Porter, dem „Landrover unter den Flugzeugen", zum ersten Mal hierher brachte, scherzte damals: „Um in Nepal zu fliegen, müsst ihr an die Wiedergeburt glauben!"

Unmittelbar nachdem das Gepäck ausgeladen und die Maschine neu beladen ist, startet sie wieder. Die Rollbahn ähnelt einer Sprungschanze und endet abrupt über einem mehrere hundert Meter tiefen Taleinschnitt. Spätestens hier muss der Flieger abgehoben haben, um nach 30 Minuten Flugzeit wieder in Kathmandu zu landen. Dieser gefahrenträchtige Tenzing-Hillary-Airport auf 2800 Metern Höhe geht auf eine Initiative von Sir Edmund Hillary zurück, der zusammen mit dem Sherpa Tenzing Norgay 1953 erstmals den Mount Everest bestieg. Damals bestand Lukla lediglich aus einer Handvoll Bauernhäusern – heute steht hier eine ganze Anzahl ansehnlicher Hotels.

Für uns geht es an diesem Tag noch bis Phakding. Früh am nächsten Morgen erreichen wir den Eingang des Sagarmatha-Nationalparks. Kurzer Stopp, Eintrittsgebühr, Kontrolle des Trekkingpermits und Eintrag unserer Personalien und Reisedetails in ein dickes Buch, und schon kann es weitergehen nach Monjo. Wir sind nun auf dem Hauptweg der meist begangenen Trekkingroute in Nepal: Zahlreiche Gruppen, aber auch einzelne Trekker kommen uns entgegen oder gehen in unserer Richtung bergauf. Welch ein Unterschied zu 1972, als ich das erste Mal im Khumbu war und manchmal tagelang ausschließlich Einheimische sah! Auch das Aufgebot an Karawanen, die zusätzlich zu den Trägern der Trekkinggruppen Gepäck und Verpflegung in das gesamte Everestgebiet bringen, ist beträchtlich. Als Lasttiere werden hier neben Mulis auch *Dzos* oder *Dzums* eingesetzt, Kreuzungen aus Yaks und indischen Haus-

rindern, die etwas kleiner und auch leichter zu führen sind als die scheuen Yaks (siehe auch Seite 38). Wenn wir nicht aufpassen, kommen uns diese vollbepackten Tiere mit ihren ausladenden Hörnern beängstigend in die Quere und schneiden uns den Weg ab. Eine Begegnung mit ihnen auf den schmalen Hängebrücken sollte man unbedingt vermeiden.

„Hauptstadt" Namche Bazar

Vor dem letzten steilen Anstieg nach Namche Bazar überqueren wir die große Hillary Bridge ohne Gegenverkehr. Der Ort liegt wie ein riesiges, in den Berghang geschlagenes Amphitheater auf 3440 Metern Höhe. Inzwischen sind die meisten Terrassenfelder, die den alten Hauptort der Khumbu Sherpas umgeben, mit Hotels, Lodges, Geschäften und Wohnhäusern verbaut. Nur noch wenige Gebäude mit Schindeldächern im Stil der alten Sherpahäuser sind übrig geblieben. Es gibt Elektrizität und Internet, die *German Bakery*, Pizzeria und Disco. Sämtliche Ausrüstungsgegenstände und Sportkleidung (wohl nicht immer als Originalware), die für eine Tour notwendig sind, kann man hier bekommen. Die meisten Bewohner – Einheimische und Zugezogene – haben es durch den Tourismus zu einem gewissen Wohlstand oder zumindest ausreichendem Einkommen gebracht. Neben den gut sortierten Geschäften gibt es einen großen Markt, auf dem hauptsächlich chinesische Waren von Tibetern angeboten werden. Im Rahmen des kleinen Grenzverkehrs dürfen sie wieder ihre Karawanen von Tibet über die hohen Pässe ins nördliche Nepal bringen. Davon profitieren beide Seiten.

Zur besseren Akklimatisierung machen wir den obligaten Ausflug zum Heimatort des Bergsteigers Tenzing Norgay. Hier in Thame gibt es nur wenige Neubauten, der dörfliche Charakter ist noch besser erhalten. Auf dem Rückweg nach Namche haben wir das Glück, mehrere Exemplare

Auch wenn die absolute Höhe nach dem letzten Erdbeben umstritten ist, bleibt er der höchste Gipfel der Erde: *Sagarmatha* (Nepali: „Stirn des Himmels") oder *Chomolungma* (tibetisch: „Mutter des Universums") sind viel passendere Namen als Mount Everest (8848 m).

DIE KULTUR DER SHERPA

In den 1960er-Jahren entdeckte eine Gruppe deutscher Anthropologen in einem Privathaus im Gebiet von Solu eine Handvoll Manuskripte. Es stellte sich heraus, dass diese Unterlagen ungeheuer wichtig waren für die Aufklärung der Geschichte der Sherpas, die bisher nur mündlich und wenig exakt weitergegeben worden war. Offensichtlich wanderte vor ca. 400 Jahren eine kleine Gruppe von Tibetern aus den östlichen Hochebenen der Provinz Kham über die Pässe der Everestregion nach Süden und ließen sich in dem heute als Solu-Khumbu bekannten Gebiet nieder. Der Name Sherpa bedeutet „Mensch aus dem Osten". Fälschlicherweise wird das Wort Sherpa bei uns häufig als Bezeichnung für einen Träger im Allgemeinen verwendet, was daher rührt, dass die Sherpas bei Expeditionen in großen Höhen immer noch den wichtigsten Teil der Begleitmannschaft stellen. Ihre Eignung zum Leben in großen Höhen und zu Höchstleistungen am Berg ist aber nicht durch die Gewöhnung an die sauerstoffarme Umgebung bedingt, sondern genetisch angelegt.

Die Vorfahren der heutigen Tibeter und Sherpas hatten vor mehr als 40.000 Jahren Kontakt mit einer dort existierenden Form des Urmenschen und vermischten sich teilweise mit ihm. So wie Europäer und die meisten anderen Menschen weltweit einige Prozente ihrer Gene vom Neandertaler haben, findet man bei Tibetern 5 % der DNA, die vom Denisova-Menschen stammt. Aufwändige Genuntersuchungen eines Backenzahns und eines kleinen Fingerknochens dieses Denisova-Menschen, die in einer Höhle in Sibirien gefunden wurden, lassen verblüffende Schlüsse zu: Eine Variante des EPAS1-Gens, das auch den Tibetern eigen ist, ermöglicht ihnen eine verbesserte Sauerstoffausnutzung, ohne dass es bei ihnen zu einem Anstieg des Hämoglobinwertes, des roten Blutfarbstoffes, kommt. Alle anderen Menschen (auch die Andenbewohner) antworten auf die verringerte Sauerstoffsättigung in der Höhe mit vermehrter Blutbildung, was dann zu einer Eindickung des Blutes und gefährlichen Folgen wie Thrombosen, Lungenembolien und Schlaganfällen führt. Es waren wohl die Seitensprünge der Urtibeter, die ihren Nachfahren bis heute den Überlebensvorteil in den großen Höhen des tibetischen Plateaus sichern.

Jahrhundertelang haben die Sherpas im Khumbu (Everestregion) und im Solu (südlich von Lukla) als Bauern und Viehzüchter gelebt, Gerste, Buchweizen und Kartoffeln angebaut und ihre Yaks im Sommer auf die Hochweiden getrieben. Die Erträge des kargen Bodens in den Höhenlagen reichen aber kaum zum Auskommen. So war es für die Sherpas schon immer notwendig, sich ein Zubrot zu verdienen. Als lokale Händler waren sie mit ihren Yak-Karawanen zwischen Tibet, Nepal und Nordindien unterwegs, Handelsreisen bis nach Bombay oder Hongkong waren keine Seltenheit. Mit der Entwicklung des Expeditionswesens und später mit dem Aufkommen des Trekkingtourismus boten sich ihnen neue Chancen.

Edmund Hillary, dem zusammen mit Tenzing Norgay 1953 die Erstbesteigung des Everest gelungen war, vergaß die Sherpas, ohne deren Hilfe der Gipfelsieg nie zustande gekommen wäre, nicht. Schon bald errichtete er für sie die erste Schule in Khumjung und legte dabei oft genug selbst Hand an – ebenso wie beim Bau des Hospitals im Nachbardorf Khunde. Er sorgte für gute, teilweise englischsprachige Lehrer und legte damit den Grundstein für viele erstaunliche Lebensläufe intelligenter junger Sherpas. Zahlreiche Trekkingbüros und Hotels, nicht nur in Kathmandu, gehören ihnen, und einige haben auch in Übersee Karriere gemacht.

Bemerkenswert ist die Stellung der Frau in der Sherpagesellschaft: Durch die oft wochen- oder monatelange Abwesenheit der Männer genießt eine Sherpani ungewöhnliche Unabhängigkeit in geschäftlichen und finanziellen Dingen. Entsprechend selbstsicher ist auch ihr Auftreten. Darüber hinaus haben Sherpas, ebenso wie die Tibeter, eine ungewöhnlich offene Einstellung zur Sexualität. Voreheliche Beziehungen sind nichts Ungewöhnliches und werden geduldet, auch Kinder aus außerehelichen Beziehungen erfahren keine gesellschaftliche Ächtung.

Eine Besonderheit im tibetischen Kulturkreis ist die Polyandrie: der Brauch, dass eine Frau zwei, in einigen Fällen auch drei Männer, üblicherweise Brüder, heiratet. Auch diese Tradition liegt wohl in den langen Abwesenheiten der handelsreisenden Männer begründet. Kinder aus solchen Familien bezeichnen immer den älteren Ehemann als Vater, selbst wenn sie zeitlich und vom Aussehen her dem anderen zuzuordnen wären. Grundsätzlich haben beide Männer die gleichen ehelichen Rechte und Pflichten, und bei Anwesenheit beider Männer reicht es, wenn die Schuhe des einen vor der Schlafzimmertür der Frau stehen, damit die Situation klar ist. Sollte sich einer der beiden Männer – meist ist es der Jüngere – dazu entschließen, einen eigenständigen Haushalt zu gründen, steht dem, nach einer Kompensationszahlung, nichts im Wege. Für die Frau bedeutet eine derartige Dreiecksbeziehung mit zwei Männern eine deutlich bessere finanzielle Absicherung (bei Unfällen oder Krankheit) als eine übliche Ehe. Vor etwa 60 Jahren folgten noch etwa 10 % der Familien im Khumbu diesem Schema. Heute werden derartige Beziehungen kaum noch eingegangen.

Namche Bazar (links in der Mitte in einer Aufnahme von 1972 – noch völlig ohne Hotels) gilt als die „Hauptstadt" der Sherpas. Immer mehr junge Menschen ziehen es jedoch vor, ihre angestammten Regionen im Khumbu und Solu zu verlassen und nach Kathmandu zu gehen. Mit dem Betreiben von höheren Schulen vor Ort will man versuchen, die Landflucht einzudämmen.
V. l. n. r.: Junge Sherpani auf dem Markt in Namche Bazar; Mönch in Chiwong Gompa (Solu); Sherpa mit typischem Hut; große Chörten bei Pangboche; die Pferdeglocke als willkommenes Spielzeug.

Nepals Nationalvogel: der prächtig geschmückte Himalaya-Glanzfasan (auch Monal oder Danphe).

des streng geschützten und sonst selten zu findenden nepalischen Nationalvogels *Danphe* (*Lophophorus impejanus*) beobachten zu können. Diese Fasanenart wird auch „Himalaya-Monal" genannt. Das bis zu 70 Zentimeter große Männchen trägt ein auffallend metallisch blau schimmerndes Gefieder, während das etwas kleinere Weibchen unscheinbar braun und weißgesprenkelt erscheint. Im Sagarmatha-Nationalpark sind diese Vögel in Höhen um 3000 Meter gelegentlich zu finden, sie halten sich meist in lockerem Gebüsch und auf dem Boden auf und fliegen nur selten kurze Strecken.

Die nächste Etappe nach Khumjung unterbrechen wir für einen Besuch im berühmten Everest View Hotel bei Syangboche. 1968 kamen einige Japaner auf die Idee, hier auf 3880 Metern Höhe das höchstgelegene Hotel der Erde zu bauen – mit eigenem Hubschrauberlandeplatz und Sauerstoffversorgung an jedem Bett. Auch wenn die Sicht von der Hotelterrasse aus kaum zu übertreffen ist, bleibt die exklusive Hotelanlage doch ein Fremdkörper hier oben. Etwas abseits, ausgestreckt auf einer ruhigen Almwiese, fühlen wir uns wesentlich wohler. Die Ama Dablam mit ihren 6858 Metern liegt direkt vor uns, daneben der eher unspektakuläre Everest.

Abstieg nach Khumjung

Kurzer Abstieg nach Khumjung, dem zweitgrößten Ort im Khumbu-Gebiet: Das große Feld, auf dem seinerzeit, nach der Erstbesteigung des Mount Everest, das legendäre Fest zum Empfang von Edmund Hillary stattfand, ist inzwischen touristisch umgewidmet: Auch hier steht mittlerweile eine Reihe von Lodges, kleinen Hotels und Restaurants. Der am Hang gelegene Ort blieb jedoch weitgehend unverändert, lediglich ein Großteil der Schindeldächer ist soliden, einheitlich grün gestrichenen Metalldächern gewichen.

Das Haus von Ang Sirki, bei der wir 1972 so schöne Tage verbracht haben, ist rasch wiederzufinden. Ich habe von meinen alten Dias großformatige Abzüge anfertigen lassen und bringe sie als kleines Geschenk für unsere alte Gastgeberin mit. Wie viel sie auf diesen Fotos wiedererkennen kann, sei dahingestellt – der graue Star hat ihr Augenlicht stark beeinträchtigt. Eine Reise nach Kathmandu, um die im Prinzip sehr einfache Kataraktoperation durchführen zu lassen, kommt für sie wohl nicht mehr in Frage. Sie lebt nun allein in dem einstmals so gastfreundlichen Haus und berichtet mir, dass einer ihrer Söhne inzwischen ein erfolgreicher Geschäftsmann in Kathmandu ist und der andere in New York lebt – wie 2500 andere Sherpas auch.

Ein weiterer Besuch steht noch auf unserem Programm: Wir wollen noch Kancha Sherpa besuchen, den wir im Vorjahr auf einer Alpenvereinshütte im Stubaital kennengelernt haben. Ein Projekt, organisiert von der Nepalhilfe Tirol unter der Leitung des Bergsteigers Wolfgang Nairz, ermöglicht es Nepalis, über eine Reihe von Jahren nach Österreich zu kommen. Hier erwerben sie sich während der Sommermonate durch ihre Mitarbeit auf Hütten in den Alpen das Knowhow, zu Hause eine Lodge zu betreiben, die den Ansprüchen westlicher Touristen entspricht.

Es ist nicht schwierig, Kanchas Haus zu finden. Die Wiedersehensfreude ist groß, sofort werden wir zum Essen eingeladen. Seine Frau bereitet köstliche *Momos,* tibetische Teigtaschen, für uns zu. Natürlich werden auch *Rakshi*, der selbst gebrannte Schnaps, und *Chang,* ein Gerstenbier, in ausreichender Menge auf den Tisch gestellt.

Enttäuschend sind die Nachrichten am nächsten Morgen auf dem Wege nach Gokyo. Als wir vor dem Haus von Kappa Kalden, dem berühmten Sherpamaler stehen, müssen wir erfahren, dass er inzwischen, hochbetagt, verstorben ist. Es stimmt traurig, dass sein Sohn schwerwiegende Alkoholprobleme hat und das ganze Anwesen heruntergekommen ist; leider ist dies kein Einzelfall.

Die Seen von Gokyo kann man entweder von Namche Bazar über Thame und den Renjo La erreichen oder – etwas weniger anstrengend, da ohne zusätzliche Passhöhen – über Khumjung in zwei oder drei Trekkingtagen. Bei der ersten Variante steigt man innerhalb relativ kurzer Zeit über den 5360 Meter hohen Renjo-Pass: eine Herausforderung für die Kondition und vor allem wegen der mangelnden Adaptation an die Höhe für viele Trekker ein Problem.

Unter höhenphysiologischen Gesichtspunkten sollte man sich eigentlich (zumindest ab 3000 m)

Der erste Schnee lässt die Terrassenfelder von Phortse, auf denen hauptsächlich Gerste und Kartoffeln angebaut werden, besonders deutlich hervortreten.

pro 1000 weiteren Höhenmetern eine Woche Zeit zum Akklimatisieren lassen. Eine Forderung, die im heutigen Trekkingtourismus praktisch nie eingehalten wird. Leider kommt es schon in diesen Höhen immer wieder zu schweren Zwischenfällen, die auch tödlich enden, wenn Warnsignale wie Kopfschmerzen, Übelkeit und Kurzatmigkeit nicht ernst genommen werden. In der Höhe können sich zwei verschiedene Varianten der Höhenkrankheit bemerkbar machen: das Höhenlungenödem, bei dem Flüssigkeit aus dem Kreislaufsystem in die Lunge übertritt und man ersticken kann, und das Höhenhirnödem, bei dem es zu einer Flüssigkeitsansammlung im Gehirn mit verschiedenen zerebralen Symptomen wie Schwindel, Bewegungsstörungen, Verwirrtheitszuständen bis hin zur Bewusstlosigkeit kommen kann. Beim Auftreten dieser Symptome kann ein weiterer Aufstieg zur tödlichen Falle werden! Medikamentöse Maßnahmen sollten immer nur überbrückend eingesetzt werden, wogegen ein Abtransport in tiefere Lagen eine üblicherweise erstaunlich schnelle Besserung bringt. Gruppenzwang oder der Wunsch, andere Teilnehmer einer Trekkingtour nicht aufhalten zu wollen, und falsch verstandener Ehrgeiz können unabsehbare Folgen haben. Größere Organisationen nehmen häufig auch aufblasbare Überdruckkammern oder Flaschensauerstoff mit, was aber keineswegs zu Unvorsichtigkeit verführen darf.

Aussichtsberg Gokyo Ri

Der Gokyo Ri, der Aussichtsberg oberhalb des Sees, bietet einen fantastischen Rundblick, man ist nahe am Cho Oyu, mit 8201 Metern der sechsthöchste Berg der Erde, und hat das gesamte Everest-Massiv sowie die übrigen Gipfel des Khumbu vor sich! Auch ein Abstecher in das Tal in Richtung Norden, näher an den Cho Oyu heran („Göttin des Türkis" – nach einer anderen Über-

setzung „Gottes Kopf"), ist spektakulär. Zudem ist man hier, etwas abseits der Hauptroute, meist ganz allein. Zwischen den Lodges von Gokyo finde ich den sicher höchstgelegenen Buchladen der Welt! Ein Inder bietet hier neben ein paar Getränken und Snacks eine erstaunliche Auswahl an meist englischsprachigen Büchern an. Solange nicht jeder sein E-Book dabei hat, macht er sicher noch einigen Umsatz.

Unsere Planung, auf dem Weg nach Gorak Shep über den Cho La (5420 m) zu gehen und auf der Nordseite abzusteigen, müssen wir leider streichen, da starker Schneefall in den letzten Tagen diese anspruchsvolle Überschreitung unmöglich gemacht hat. So bleibt der weniger anstrengende Marsch hinaus ins Tal des Imja Khola, wobei sich Pangboche anbietet, um Station zu machen.

In der Gompa von Khumjung wird der berühmte Skalp und das angebliche Handskelett eines Yeti aufbewahrt. Der Yetiskalp durfte in Begleitung eines Sherpas nach England gebracht werden, wurde dort untersucht und zur Enttäuschung der Sherpas als Fell einer Bergziegenart klassifiziert. Bei einem anderen Skalp handelte es sich (DNA-Analyse 2014) um die Haare einer Himalaya-Bärenart. Abenteuerlicher ist die Geschichte der Hand: In den 1950er- und 1960er-Jahren waren mehrere amerikanische Expeditionen auf der Suche nach dem Yeti im Himalaya unterwegs. Einer der Wissenschaftler oder Abenteurer hat damals einen der Handknochen unbemerkt entwenden können und über Mittelsmänner außer Landes geschmuggelt. Zu einem späteren Zeitpunkt wurde das ganze Handskelett gestohlen, tauchte irgendwann im Kuriosiätenhandel wieder auf und wurde 2011 mittels DNA-Analyse als eindeutig menschlich eingeordnet. Im selben Jahr wurde den Mönchen des Pangboche-Klosters eine Replik zur Verfügung gestellt. Wir hatten 1972 noch Gelegenheit, die Originalgegenstände zu sehen und zu fotografieren.

Wir finden eine gemütliche Unterkunft bei Phu Tashi Sherpa (es gibt noch einen weiteren berühmten Bergsteiger gleichen Namens) in Pangboche. Im Aufenthaltsraum seines Hauses hängen reihenweise Bestätigungen und Zertifikate seiner zahlreichen Gipfelsiege an Everest, Cho Oyu und anderen Achttausendern sowie die entsprechenden Gipfelfotos. Er ist ein drahtiger Mann, der jetzt wie ein fleißiger Hausmeister überall nach dem Rechten sieht und dafür sorgt, dass wir abends eine warme Dusche haben. Dabei hat er gerade viel vorzubereiten, denn in einer Woche wird er auf die nächste Expedition gehen, und

seine Frau muss dann für viele Wochen die Lodge wieder allein bewirtschaften. Trotzdem findet er am Abend Zeit zu einem Schwatz.

Eine Sherpa-Karriere

Phu Tashi Sherpa hat als einfacher Träger bei einem Trekkingunternehmen angefangen. Da er sich geschickt anstellte und auch damals schon ganz gut Englisch konnte, machte er schnell Karriere in einer Agentur. Er stieg zum Sirdar auf, dem voll verantwortlichen Führer und Leiter einer Trekkinggruppe. Damit hatte er eigentlich das berufliche Traumziel der meisten Sherpas schon erreicht. Seine Tätigkeit machte ihm Spaß, er war offensichtlich gut, und auch sein Chef, selbst ehemaliger Everestbesteiger, war erfolgreich und bot bald nicht mehr nur die üblichen Trekkingtouren an, sondern organisierte Expeditionen für Höhenbergsteiger. Schnell war Phu Tashis Talent gefragt. Er bekam zusätzliches Eiskletter-Training und begleitete bald die ersten Expeditionen. Zahlreichen Bergsteigern aus der ganzen Welt hat er seither ermöglicht, sich ihren Traum zu erfüllen, einmal auf einem Achttausender zu stehen. Es wären wohl wirklich nur eine Handvoll Extremsportler dazu imstande, diese Anforderungen allein, ohne die Hilfe der Sherpas zu schaffen! Früher wurde Phu Tashi lediglich für die Wochen oder Monate bezahlt, in denen er unterwegs war. Inzwischen hat er bei seiner Agentur eine fixe Anstellung und erhält ganzjährig einen Basislohn, der sich dann je nach den durchgeführten Expeditionen erhöht. Er gehört damit zu den Spitzenverdienern in seinem Dorf und kann es sich auch leisten, seine Kinder in Kathmandu auf ein Internat zu schicken. Er hofft, dass seine Söhne dadurch andere Voraussetzungen haben und nicht wie er Jahr für Jahr ihr Leben riskieren müssen, um eines Tages den Lebensunterhalt für sich und ihre Familien zu verdienen.

Bis 2014 sind allein am Everest 87 Sherpas bei ihrer Arbeit für die zahlungskräftigen, meist aus dem Westen kommenden Bergsteiger umgekommen. Die zurückgebliebenen Familien erhalten derzeit eine Versicherungssumme von lediglich 10.000 Dollar. Ein Bagatellbetrag, wenn man berücksichtigt, dass der Ernährer einer meist großen Familie bei der Ausübung seines Jobs verstorben ist. Kein Wunder, dass die Sherpas und Träger nach dem großen Lawinenunglück am Everest im Frühjahr 2014 gestreikt haben und für dieses Jahr sämtliche Expeditionen abgesagt wurden!

Vom Gokyo Ri, dem 5367 Meter hohen Aussichtsgipfel oberhalb des gleichnamigen Sees, eröffnet sich ein unvergleichlicher Blick: ganz links der Cho Oyu (8201 m), gefolgt von Gyachung Kang (7952 m) und einem weiteren Siebentausender, in der Mitte der Kangchung (6063 m) und in einigem Abstand weiter rechts Everest (8848 m) mit Lhotse (8516 m). Am rechten Bildrand die Sechstausender Cholatse (oder Jobo Lhaptshan) und Taboche.

Dabei sein ist alles: Allein die Anwesenheit bei Mani Rimdu, dem größten religiösen Fest im Khumbu, bringt religiösen Verdienst und ein besseres Karma.

Junge Mönche üben Mudras: Handhaltungen mit besonderen spirituellen Bedeutungen, die an bestimmten Stellen einer religiösen Zeremonie *(Puja)* eingenommen werden.

Die Bergsteiger bezahlen an die Expeditionsunternehmen, die häufig Amerikanern oder Europäern gehören und mit nepalischen Agenturen als Subunternehmern arbeiten, zwischen 40.000 und 80.000 Dollar für eine Everestbesteigung. 10.000 Dollar davon gehen für das Gipfel-Permit an die Regierung in Kathmandu. In zähen Verhandlungen mit dem Tourismusministerium soll erreicht werden, dass die Personen, die die Hauptlast des Unternehmens mit einem enormen persönlichen Risiko tragen, in Zukunft eine bessere finanzielle und soziale Absicherung erhalten.

Den Ausflug zum Everest Basecamp sparen wir uns. Voll mit Menschenmassen, Technik und Müll ist dieser Ort eher abschreckend, worüber auch die grandiosen Eindrücke des Khumbu-Eisfalls kaum hinwegsehen lassen. Der Abstecher in Richtung Island Peak über Dingboche ist wesentlich weniger überlaufen. Der Blick auf Chhukhung Ri, die Nuptse-Südwand und die Rückseite der Ama Dablam sind mehr als lohnend, und wir haben diese grandiose Bergwelt fast für uns allein! Hier kommt uns nur eine Gruppe entgegen, die aus dem Makalu-Gebiet über Honku und den Amphu Labtsa abgestiegen ist: eine der schwierigsten Passagen des Great Himalaya Trail.

Abstecher zum Kloster Tengboche

Den Rückweg unterbrechen wir für eine Nacht in Tengboche (auch Thyangboche), dem Kloster, in dem wir 1972 das großartige Mani-Rimdu-Fest miterlebt hatten. Auch für diesen Besuch habe ich großformatige Abzüge meiner Dias machen lassen, um sie dem Abt Nawang Tenzing Jangpo und den Mönchen mitzubringen. Der alte Rinpoche kann trotz seiner Brille nicht mehr alle Details auf den Bildern zuordnen, freut sich aber trotzdem sehr über dieses Geschenk. Er legt uns die weißen *Kata*-Schals um den Hals und segnet uns. Da das Kloster am 19. Januar 1989 durch einen Brand infolge eines elektrischen Kurzschlusses in Rauch und Asche aufgegangen war, interessieren ihn die alten Fotos besonders. Spenden von Trekkern und Einheimischen haben es ermöglicht, ein neues Kloster zu errichten. Der Neubau ist deutlich größer, hat aber die alte Form im Wesentlichen beibehalten. In der Mitte des *Dokhang*, der Gebetshalle, steht eine riesige Statue des *Shakyamuni,* des historischen Buddha, die über zwei Stockwerke reicht. Die Farben der künstlerisch sehr gut und detailreich ausgeführten Wandgemälde sind viel greller als die ursprünglich von Kappa Kalden gestalteten, die mit ihren warmen, sanften Farben einen unvergesslichen Eindruck hinterließen. Die Zukunft wird weisen, ob sich noch genügend junge Männer finden, die sich für ein Leben mit Meditation und Gebet hier oben in den Bergen entscheiden.

Nur noch wenige Tage brauchen wir bis zum Flughafen nach Lukla. Schon am Morgen nach unserer Ankunft können wir den Rückflug nach Kathmandu antreten. Das ist nicht immer so: Im Vorjahr waren mitten in der Hauptsaison wegen eines Schlechtwettereinbruches eine Woche lang sämtliche Flüge ausgefallen. Aus dem ganzen Khumbu kamen die Trekker zurück und strandeten hier. Weit über 2000 Leute belagerten plötzlich den kleinen Ort. Es herrschten teilweise chaotische Zustände, bei denen sich auch unschöne Szenen zwischen den Touristen abspielten. Um die Gelassenheit und Ruhe des Ostens zu finden, genügt offenbar ein zwei- oder dreiwöchiger Nepal-Trekk noch nicht.

DAS GROSSE MANI-RIMDU-FEST

Das größte Fest im Khumbu-Gebiet findet alljährlich zu Vollmond im November im Kloster Tengboche statt. Neben den vielen Einheimischen aus den Dörfern der Umgebung finden sich auch immer mehr Touristen ein, um die Tänze der Mönche im Innenhof der Gompa zu sehen. Der Name des Klosters bedeutet „heilige Schüssel". Die Gebäude wurden an dem einzigen flachen Geländestück angelegt, während rundherum so markante Bergspitzen wie Thamserku und Ama Dablam, sicher einer der schönsten Berge der Welt, aufragen. Mani Rimdu, ein getanztes Mysterienspiel, erzählt vom Sieg des Buddhismus über die alte tibetische Bön-Religion.

Vor fast 100 Jahren pilgerte eine Gruppe von Mönchen über die hohen Pässe nach Tibet in das berühmte Kloster Rongpu auf der Nordseite des Everest (tibetisch: *Chomolungma* – „Mutter des Universums"; Nepali: *Sagarmatha* – Mutter des Universums, Göttin des Himmels, Stirn des Himmels; es werden verschiedene Übersetzungen genannt). Sie holten sich dort die Anleitungen zur Aufführung des Mani-Rimdu-Festes, lernten die schwierigen Tanzschritte und studierten nach ihrer Rückkehr dieses Ritual in Tengboche mit den anderen Lamas ein. Die Aufführungen entwickelten sich ursprünglich aus den tibetischen Cham-Tänzen und den Geisteraustreibungen des alten Glaubens. In allegorischen Darstellungen wird der Sieg des lamaistischen Buddhismus über die alten lokalen Götter des früher im ganzen Himalaya verbreiteten Bön-Glaubens dargestellt. Die tantrischen Gottheiten mit ihren weit geöffneten Mündern, Kronen aus Menschenschädeln und Halsketten mit abgeschlagenen Köpfen triumphieren schließlich über die alten Dämonen, die teilweise bekehrt werden, sich dem neuen Glauben zuwenden und letztendlich die Schutzgötter des Lamaismus werden.

Ausschließlich Mönche dürfen diese Tänze ausführen und in dem Moment, da sie die Treppe in den Innenhof, den *Cham-ra,* hinuntergehen, sind sie nicht mehr ein Abbild der Gottheit oder des Geistes, sie werden selbst zu diesen Göttern. Sie tragen riesige Masken aus Holz oder Pappmaché, sodass die Tänzer durch die Nasenlöcher herausschauen müssen. Die schweren Kostüme in lebhaften Farben sind aus Baumwolle, Brokat oder Seide hergestellt. In der Mitte des mit Steinplatten ausgelegten Hofes steht ein hoher Mast mit Gebetsfahnen, daneben ein kleiner Altar mit *Tormas,* Opferfiguren aus Teig und gefärbter Butter, die verschiedene Geister darstellen. Die Tänzer beginnen mit langsamen, majestätisch anmutenden Schritten, steigern die Geschwindigkeit und kreisen schließlich mit wehenden Mänteln durch den Hof.

Die meisten Pilger und Besucher verstehen den religiösen und mythologischen Hintergrund des Mani-Rimdu-Festes nicht mehr, aber sie genießen das Schauspiel, das Spektakel. Viele sind herausgeputzt, und die Frauen tragen zum Teil noch ihre schönen alten tibetischen Trachten mit bunten Schürzen (*Dongdil)* sowie den traditionellen Schmuck aus Korallen, Türkisen und Bernstein. Die Zuschauer und Besucher verfolgen das Ritual keineswegs nur voller Andacht, es wird geschwatzt und gelacht, denn Mani Rimdu ist eine gute Gelegenheit, Freunde und Verwandte zu treffen, zu plaudern, zu trinken sowie kleine oder große Geschäfte anzubahnen.

Nicht nur heißer Buttertee wird aus großen Kupferkannen gereicht, auch *Chang*, das Gerstenbier, und *Rakshi*, der selbstgebrannte Schnaps aus Gerste, heben die Stimmung. Einlagen eines Clowns, der mit den Zuschauern seine Späße treibt, verhindern zusätzlich, dass Langeweile beim Publikum auftritt. Selbst der Abt scheint sich köstlich zu amüsieren, immer wieder lacht er schallend. Manche Zuschauer dösen während der Darbietungen auch vor sich hin. Einerlei, ob man sich amüsiert, betrunken ist oder schläft, allein die physische Anwesenheit bei diesen heiligen Handlungen genügt für religiösen Verdienst und positives Karma, weil der Abt als spirituelle Autorität über allem wacht.

Im Anschluss an die sakralen Tänze versammeln sich die Mönche unter dem Vorsitz des Abtes zum *Mani-ril-sgrub*, einem langen Gebet, das dem ganzen Fest seinen Namen gibt. Die Rezitationen werden begleitet von Glocken, klarinettenartigen Instrumenten und Trompeten (*Kagling*), die aus den Oberschenkelknochen verstorbener Lamas hergestellt wurden. In rhythmischen, monoton klingenden Litaneien, unterbrochen durch Trommelschläge, Zimbeln und Muscheltrompeten, werden Buddha, die *Bodhisattvas* (erleuchtete Wesen) und verschiedene lokale Berggottheiten gepriesen und reichliche Ernten sowie ein langes Leben erfleht. Ein weiterer Höhepunkt ist die Verteilung der *Tshe-rils*, kleiner Teigkugeln, die als Pillen für langes Leben gelten. Zusätzlich wird auch heiliges Wasser ausgegeben, das die Gläubigen aus der Hand schlürfen, den Rest schmieren sie sich in die Haare.

Die kupfernen, alphornähnlichen *Dung-chen* sind fast drei Meter lang und erzeugen einen tiefen, vibrierenden Ton. Sie werden nur bei wichtigen religiösen Zeremonien gespielt.

Szenen des großen Mani-Rimdu-Festes in Tengboche: Im *Gri-cham*, dem Schwerttanz, werden Dämonen des Bön-Glaubens dargestellt, die zum Buddhismus bekehrt wurden. Die Masken mit dem dritten Auge sind so groß, dass die Tänzer die Nasenlöcher als Sehschlitze verwenden müssen.

Tormas, kunstvoll gearbeitete Opfergaben aus gefärbter Butter und Teig, schmücken den Altar in der Mitte des Klosterhofes in Tengboche.

Rechte Seite: Die Sherpa-Bäuerin trägt ein vergoldetes Amulett an einer Kette aus Korallen, Türkisen und *Dzi*-Steinen (Achate), denen magische Schutzwirkung zugeschrieben wird.

Nächste Doppelseite: Thamserku (6623 m) im Abendlicht, von Khumjung aus gesehen.

Vom Gokyo Ri zeigen sich die frisch verschneiten Eis- und Felsflanken des Mount Everest.

Gebetsfahnen, *lung-ta* („Windpferd") genannt, werden im tibetischen Umkreis überall an Brücken, Passübergängen und in der Umgebung von Tempeln oder Klöstern angebracht. Die aufgedruckten Gebete sollen durch den Wind über den gesamten Erdkreis und zum Himmel getragen werden.

Riffeleis: Wie mit dem Lineal gezogen scheinen die Eis- und Schneeabbrüche im Rolwaling (Kang Nachugo).

Vorherige Doppelseite: Der erste Blick auf Lhotse und den halb verdeckten Everest (links) nach dem Verlassen von Namche Bazar.

Steinmauern: In der Almregion von Na werden kleine Hütten und die Pferche für das Vieh aus herumliegenden Steinbrocken aufgeschichtet.

Aufgrund des starken Anschwellens der Flüsse während des Monsuns bleiben viele Brücken ein Provisorium, das Jahr für Jahr neu errichtet werden muss.

Der Doppelgipfel des Gaurishankar, dessen Name auf das Hindu-Götterpaar Shiva (= Shankar) und Parvati (= Gauri) verweist.

Nangpa La
5741
Cho Oyu
8201
Sagarmatha
(Mt Everest, Chomolungma
8848
Pumo Ri
7161
E.B.C.
Kala Patthar
Gorak Shep
Nojumpa Glacier
Khumbu Glacier
Nuptse
7861
Lhotse
8414
Island Peak
6489
Pyramid
Lobuche
Baruntse
7152
5420
Cho La
Kongma La
5535
4730
Chhukung
SAGARMATHA
NATIONAL PARK
Renjo La
5360
Gokyo
4790
Dragnag
Dzongla
4830
Chhamtyang
Amphu Labtsa
5845
West Col
6190
Dingboche
4410
Pheriche
Machhermo
Thore
Somare
Ama Dablam
6856
Amphu
Labtsa B.C.
5527
Honku B
5500
Lumde
4368
Dhole
Phortse
Ama
Dablam B.C.
Hunku
6119
Marlung
Tengboche
Khumjung
Khunde
Thamserku
6608
Tashi
Labsta
Camp
5760
Thame
3820
NAMCHE
Thamo
Jorsalle
Monjo
Mera La
5415
Sabai Tsho
Tangnag
Parchemuche Tsho
4780
Kongde
Kongde B.C.
Phakding
Mera Peak
5461
Nurning
Gondishung
Dudh Kund
Ghat
Chheplung
LUKLA
Mosom
Kharka
Surke
Thuli Kharka
Kholakhar
Panch Po
Paiya
Chalem
Bupsa
Kharikhola
Jubhing
Panggom
Sibuje
Najingdingma
Khiraule
Bung
Dingjung Ri
6249
Gaurishankar
7135
Thangna La
5219
4091
4195
Lapchegaon
Ratin Himal
6054
Risangumba
5370
Thasing
Thangchhemu
Lumnang
ROWALING HIMAL
Tama Koshi
3740
Beding
Na
4735
Glacier Camp
Tsho Rolpa
Parchamo
6273
Kabug
4820
Dokhang
2791
Rolwaling Khola
Chaduk Bhir
5740
Phuma La
4778
Lamabagar
5930
Ramdung
Gyago La
4880
Tare Kharka
Alampu
Chhechet
Simigaon
2036
Khare
Sipring Khola
Hanbukharka
GAURISHANKAR
CONSERVATION AREA
Gongkar
Jagat
Bigu Gompa
2516
Rupthan
Orangdanda
2029
Kalo Pokhari
Syama
Manthali
Khola Kharka
Ngeju Kharka
Dudh Kund
Saharsbeni
Panch Pokhari
Jeta Pokhari
Loting
1768
Chilingkha
Yarsa
Marbu
Phokte
Lahaksewar
Tinsang La
3778
Laduk
Suri
Dhobhan
Chankhu
Pani
Pakha
Shengeephuk
Thimba
Dhusikharka
Babare
Umatirtha
Kamagangdo
Taksindu
Nunthala
Lakhu
Suri
Kalinchowk
Ghorthali
Lapilang
Singati
Yarsa
Dikarpu
Gairi
Khahare
Kyama
Mopung
Valley
Ringmu
Pawai
Pikhuti
Serakapati
Garjang
Gumdel
Junbesi
Phurteng
Damku
Majhgaon
Kuri
Gumukhola
Jugu
Sombare
Phapare
Shivtar
Nurkun
Piskar
Malepu
Puma
Dakachu
Benighat
Khastap
Waku
Chitre
Dobate
Todke
JIRI
KINJA
Goyam
Kharidhunga
DOLAKHA
Maina
Pokhari
Shivalaya
Mali
Ngaur
Phaplu
Kalang
Bhandar
Chaulakharka
Pikey Peak
4068
Hongu Khola
Kurima
Makaibari
CHARIKOT
Chitre
Those
Panjum
Dimses
SALLERI
Mulkharka
Budhidanda
Parma-Ri
Nigale
Namdu
Arubote
Deurali
Goli
Maili
Garma
Bhimeswor
Thulo Patal
Bhitakharka
Nele
Deurali
Charange
Rasanalu
Bhusinga
Lhamuje
Meranding
Jubu
Jhakngb
usaphedi
Phasku
Tamakoshi
Tabe Danda
Priti
Buktel
Kangel
Rakha
Chaichap
Bhirkot
Taklung
Tapting
Aiselukharka
Pawati
Kingguarding
Gompa
Tolu Gompa
Thapre
Kerung
Tingla
Magpa
Dhunge
Paiti
Raikar
Betali
Phapre
Patale
Necha
Ghyan
Jyamire
Sailung
Bhedpu
Namadi
Khiji Bazar
Mudhe Bisana
Khijiphalate
Jantarkhani
Dhap
Thade
Batase
Kha
Raganj
Bigutar
Rawa Khol
Purbaje
Dadwa
Serna
Dumre
Shreechaur
Likhu Khola
Gamnangtar
Bilandu
Mamkha
Kharpa
Bilandu
Yasam
OKHALDHUNGA
Diyale
Dudh Koshi
Rumjatar
Lamidanda
Buipa
Raniban
Katunje
Surkenagi
Hattitar
Sanghutar
Phulbari
Moli
Salle
Singhadevi
Chyanam
Ketuke
Takuwa
Bijayak
Baksa
Arkhaule
Chahale
Himganga
Majuwa
Maulun Khola
Badahare
HALESI MARATIKA
Palapu
Ubu
Durchhim
Rampur
Dhitung
Thoksel
Hilepani
Chyasmitar
Rajapa
Ramechhap
Sukajor
Jalkinibesi
Sunkoshi
TIBET/CHINA
N
0
50
100
km
Simikot
Himalaya
Jumla
Jomsom
8167 m
Dhaulagiri
8091 m
Annapurna
Manaslu
8163 m
Mount
Everest
8848 m
Makalu
8463 m
8598 m
Kanchenjunga
NEPAL
Kathmandu
Lukla
INDIEN
Great Himalaya Trail
Cultural Trail

TREKKING EVEREST – KHUMBU – ROLWALING

GHT

Der Khumbu-Teil des GHT beginnt mit dem Amphu-Labtsa-Pass (5845 m), führt durch das Tal des Imja Khola bis Dingboche (siehe Route 1), vorbei am Everest Basecamp mit seinem Aussichtspunkt Kala Patthar. Nach dem schwierigen Anstieg zum 5420 Meter hohen Cho La (siehe Route 3) und Erholung am türkisfarbenen Gokyo-See geht es über den nächsten Pass (Renjo La, 5360 m) mit fantastischem Blick auf den Cho Oyo (8201 m). Es folgt der Abstieg nach Thame. Hier schließt sich wieder ein sehr schwieriger Anstieg (Seil und Eisausrüstung erforderlich!) auf den 5760 Meter hohen Tashi Labsta an, der normalerweise in der anderen Richtung begangen wird und den Übergang vom Khumbu in das Rolwaling-Tal bildet. Vorbei an Moränen und dem Gletschersee bei Na und dem Sherpadorf Beding, durch ausgedehnte Tannen- und Zedernwälder weiter nach Simigaon (2000 m) im Tal des Tama Koshi. Bei Laduk kommt man am Fluss entlang bis zum Straßenanschluss in Jiri. Alternativ weiter auf der GHT-Strecke über Bigu Gompa (großes Frauenkloster), den Tinsang La (3778 m) bis „Last Resort", einem Freizeitpark am Arniko-Highway, der Straße nach Tibet.
Dauer: Für den Khumbu- und Rolwalingteil des GHT sind ohne An- und Abreise 24 Tage zu veranschlagen.

Von Jiri zum Everest Basecamp (1)

Die Strecke von Jiri nach Lukla wird von vergleichsweise wenigen Touristen begangen, man hat Gelegenheit, das Leben der Sherpas authentischer zu erfahren, als es bei der kurzen Version (2) möglich ist.
Schwierigkeit: mittel, normalerweise keine Schwierigkeiten, den Weg zu finden
Höchster Punkt: Kala Patthar (5364 m) bzw. Basecamp (5364 m)
Übernachtung: sowohl als Lodgetrekking (zahlreiche Teehäuser) als auch als Zelttrekking möglich
Start und Ziel: Straße von Kathmandu bis Jiri; bei entsprechend günstigen Bedingungen außerhalb der Monsunzeit kann die „Straße" auch bis Bhandar befahrbar sein.
Dauer: 4 Wochen
Reisezeit: März bis Juni sowie Oktober bis Januar

Everest Basecamp Trekk (2)

Der klassische Trekk in anspruchsvoller Höhe, aber ohne technische Schwierigkeiten durch die Sherpadörfer des Khumbu: über das touristisch voll erschlossene Namche Bazar und Khumjung zum Kloster Tengboche, weiter über Hochalmen und vorbei an den Eisriesen, die sich rechts und links auftürmen, bis in das quirlige Basecamp (5364 m).
Schwierigkeit: mittel, Höhenunterschiede 500 bis 1000 Meter pro Tag, gute Kondition notwendig
Höchster Punkt: Kala Patthar (5675 m)
Übernachtung: Unterbringung in Lodges, auch Camping möglich
Start und Ziel: Lukla, Flug von und nach Kathmandu
Dauer: 2 Wochen
Reisezeit: März bis Juni (schon Monsun möglich) sowie Oktober bis Dezember (in den Höhenlagen schon sehr kalt!)

Über Gokyo zum Everest Basecamp (3)

Von Namche Bazar nicht die übliche, einfacher zu gehende „Rennstrecke" direkt zum Basecamp, sondern nach Norden, vorbei an Thame über den Renjo La (5360 m) zum türkisfarbenen Gokyo-See. Hier muss der vom Cho Oyu herunterziehende Ngozumpa-Gletscher, der größte Eisstrom Nepals, gequert werden, bevor der Weg dann über den Cho La (5420 m) bei Lobuche in das Tal des Khumbu-Gletschers mündet. Der Kala Patthar, mit 5675 Metern einer der besten Aussichtspunkte auf den Everest, bietet sich dann noch als Abstecher an.
Schwierigkeit: mittel, wegen des schnellen Anstieges von Namche zum Renjo-Pass. Ruhetage zur Höhenakklimatisation einplanen! Wege ausreichend markiert, gute Kondition notwendig
Höchster Punkt: Pass Cho La (5420 m)
Übernachtung: sowohl als Lodgetrekking als auch als Zelttrekking möglich
Start und Ziel: Lukla, Flug von und nach Kathmandu
Dauer: 3 Wochen
Reisezeit: März bis Juni sowie Oktober bis Januar (Passübergänge nicht immer sicher schneefrei)

Everest Basecamp mit Rückweg über den Tashi Labsta ins Rolwaling (4)

Zunächst auf der üblichen Route (1) zum Everest Basecamp. Rückweg über Cho La – Gokyo – Renjo La – Tashi Labsta in das Rolwaling-Tal. Volle Eisausrüstung mit Pickel, Seil und Steigeisen sowie Zeltausrüstung sind für diese Passüberquerung unbedingt notwendig (kann eventuell in Thame oder Namche gemietet werden). Der Pass sollte keinesfalls ohne ortskundigen Führer versucht werden! Auf Wetterstürze achten.
Nur für erfahrene und gut trainierte Trekker!
Schwierigkeit: schwer, nur für erfahrene Bergsteiger
Höchster Punkt: Tashi Labsta (5760 m)
Start: Lukla (Flug von Kathmandu)
Ziel: Charikot an der Straße nach Jiri; von dort mit Bus oder Jeep zurück nach Kathmandu
Dauer: 4 Wochen
Reisezeit: März bis Mai und September bis November

Die Kette des Rolwaling Himal mit dem Doppelgipfel des Gaurishankar (links).

LANGTANG

Das nördlich von Kathmandu gelegene ausgedehnte Hochtal von Langtang (3455 m) erfreute sich wegen seiner guten Erreichbarkeit schon früh großer Beliebtheit bei anspruchsvollen Trekkern. Obwohl Langtang Himal und Jugal Himal keine Achttausender bieten, treffen wir dort auf eine besonders markante und eindrucksvolle Bergwelt und Gletscherlandschaft. Bereits 1976 wurde hier ein Nationalpark geschaffen, um die sensiblen ökologischen Systeme mit seltenen Tieren und Pflanzen zu schützen. Für eine Rundtour bietet sich der Übergang über den Kangja La (5130 m) oder, weniger aufwendig, über Gosainkund – der See ist ein beliebtes hinduistisches Pilgerziel – in das Gebiet von Helambu an.

Im Langtang haben sich Tibeter und Sherpas angesiedelt, den größten Teil der Bevölkerung stellt aber nach wie vor die Volksgruppe der Tamang. Das Hauptsiedlungsgebiet der ca. 1,5 Millionen Tamang („Pferdehändler") liegt im Norden von Kathmandu, und zwar in den Bergen von Trisuli, Ganesh Himal und Langtang, dessen Hauptort bei dem katastrophalen Erdbeben 2015 von einer riesigen Schlamm- und Eislawine total verschüttet wurde.

Ebenso wie die Newar, Gurung und Magar sprechen die Tamang eine tibeto-burmesische Sprache. Sie sind wahrscheinlich vor ca. 1000 Jahren aus Osttibet in ihre heutigen Siedlungsgebiete eingewandert. Ihre Lebensgrundlage bildet der Anbau von Mais, Gerste, Weizen, Hirse und Kartoffeln bis in eine Höhe von 3000 Metern. Überwiegend sind sie Buddhisten, ihre Riten sind aber noch deutlich vom alten Bön-Glauben und vom Schamanismus beeinflusst. Ihre *Jhankris* (Schamanen) spielen in der Volksmedizin und in Ritualen des täglichen Lebens eine wichtige Rolle. Durch verschiedene Kräuter und Drogen versetzen sie sich in Trance und wirken als Heiler und Priester.

Tamang sind bei den Trekkingagenturen als besonders kräftige, verlässliche Träger bekannt und beliebt. Auch 2016 begleitet unseren Trekk wieder eine nette Gruppe von jungen Tamang-Burschen als Träger. Einer von ihnen, wir nennen ihn wegen einer gewissen Ähnlichkeit Messi, erzählt uns seine Lebensgeschichte.

Die Bauernhäuser im Langtang waren traditionell mit besonders aufwändigen Schnitzereien versehen.

Es lohnt sich, das Trisuli-Tal nicht auf der Straße bis Syabrubesi zu befahren, sondern den Zustieg nach Langtang auf den kleinen Nebenwegen zu genießen.

Exil auf Zeit als Schicksal?

Dem jetzt 30-Jährigen hatten seinerzeit Freunde in seinem Heimatdorf Rosua erzählt, dass man in Saudi-Arabien oder Katar viel Geld verdienen könne, wenn man bereit sei, hart zu arbeiten. Kancha Lopchan war bereit dazu. Die notwendigen 800 Dollar, die die Vermittlungsagentur in Kathmandu verlangte, konnte er nicht allein aufbringen und so musste er sich bei Freunden und Verwandten verschulden. Seine junge Frau blieb mit den zwei Kindern bei den Schwiegereltern. Der Vertrag lautete auf zwei Jahre, ohne vorherige Rückkehrmöglichkeit. Gleich nach der Ankunft in Katar (2008) wurde ihm der Pass abgenommen. Bei seiner Tätigkeit als Bauhilfsarbeiter waren acht Stunden Arbeitszeit regulär, Überstunden wurden jedoch erwartet. An seinem einzigen freien Tag musste er vier Überstunden arbeiten, wofür er umgerechnet fünf Euro an Ort und Stelle ausgezahlt bekam. Erst bei Außentemperaturen von mehr als 55 °C (!) durfte die Arbeit eingestellt werden. Untergebracht war Kanchha Lopchan in einem knapp drei mal drei Meter großen Raum eines Camps, in dem vier Personen in Stockbetten schliefen. Außer Nepalis gab es auch Fremdarbeiter aus Pakistan, den Philippinen, aus Bangladesch und Vietnam. Untereinander hatten die Nationalitäten aber praktisch keinen Kontakt, da jede Gruppe ihr eigenes Aufgabenfeld hatte.

Kancha hatte das Pech, dass die Firma, die ihn unter Vertrag genommen hatte, nach etwa einem Jahr pleite war und er nur einen Teil seines Lohnes ausbezahlt bekam. Er hatte praktisch ein Jahr umsonst gearbeitet! Zurück in Kathmandu war er gezwungen, der Agentur für einen weiteren Zweijahresvertrag erneut 800 Dollar zu bezahlen. Die nächsten zwei Jahre wurde er wenigs-

tens nicht um seinen Lohn betrogen – unter dem Strich verdiente er inklusive aller Überstunden 3600 Euro pro Jahr, was einem Tageslohn von nur zehn Euro entspricht, erarbeitet unter unmenschlichen Bedingungen. Nach seiner Rückkehr erfüllte er sich den Wunsch, sich von dem gesamten Verdienst in seinem Dorf elf Ropani (1 *Ropani* = 510 m²) landwirtschaftlichen Grund zu kaufen. Doch weitere zwei Jahre später wurde sein Land für eine Zufahrtsstraße benötigt: Er wurde entschädigungslos enteignet! Wie aussichtslos muss die Perspektive zu Hause sein, dass Kanchha Lopchan, wie viele andere aus seinem Dorf, es nicht ausschließt, noch ein weiteres Mal in die Golfstaaten zu gehen.

Für die Tamang ist es, ähnlich wie für ihre Nachbarn, die Gurung, Magar oder Rai, seit Generationen nicht ungewöhnlich, dass sich junge Männer für einige Jahre oder auch Jahrzehnte im Ausland verdingen. Früher gingen sie als Söldner in den Dienst der britischen und später auch der indischen Armee, waren damit zu Hause hoch angesehen und konnten mit ihrem Sold oder der Pension sich und ihre Familie vergleichsweise gut ernähren. Inzwischen sind immer weniger junge Nepalis auch aus den abgelegenen Gebieten bereit, zu Hause unter schwierigen Bedingungen in der Landwirtschaft zu arbeiten und dabei nur das Wichtigste zum Überleben zu erwirtschaften. Die modernen Kommunikationsmittel zeigen den jungen Menschen ein häufig geschöntes Bild vom Leben und von den Möglichkeiten im Ausland. Solange die Verdienstmöglichkeiten in der Heimat derartig beschränkt sind und die Jugendarbeitslosigkeit so hoch ist, werden die Jungen weiter ihr Glück im Ausland suchen müssen. Umso wichtiger sind alle Maßnahmen und Projekte, die Verdienstmöglichkeiten und Perspektiven auch in

Hat man erst mal die 1000 Höhenmeter aus dem Tal des Trisuli hinter sich, eröffnet sich bei Khangjung ein wunderbarer Blick bis zu den Ketten des Ganesh Himal.

der Peripherie schaffen und dadurch die Abwanderung vermindern.

Ein seit fast 50 Jahren erfolgreich laufendes Programm wurde seinerzeit von Toni Hagen initiiert: Der Schweizer Geologe und Pionier der Entwicklungszusammenarbeit bereiste in den 1950er-Jahren im Auftrag von *His Majesty's Government of Nepal* das ganze Land und sammelte die ersten detaillierten Forschungsberichte über Nepal. Beim Anblick der großen Yakherden kam ihm der Gedanke, in Langtang Käse zu produzieren.

Yak-Käse aus Langtang

Auf seine Initiative hin kamen Schweizer Fachleute und starteten hier die erste nepalische Käseproduktion. Die einheimische Kooperative der Yakbauern lieferte die Milch von April bis Oktober, und im Laufe der Zeit wurden nepalische Kräfte ausgebildet, sodass das *Cheese Production Center* in Syabru und Kyangjin in ihre Hände gehen konnte. In den besten Zeiten wurden hier 8000 Kilo Käse nach europäischem Geschmack pro Jahr hergestellt und nicht nur nach Kathmandu verkauft, sondern auch nach Europa, Japan und Amerika exportiert. Aber wie so oft, gibt es auch hier zwei Seiten der Medaille: einerseits das Einkommen für die bäuerliche Bevölkerung, auf der anderen Seite die Überweidung der ökologisch sensiblen Almflächen und der angrenzenden Wälder sowie die Verdrängung geschützter Tiere durch die zu große Anzahl des Milchviehs. Zudem kann man auch noch einwenden, dass durch die Käseproduktion der örtlichen Bevölkerung eine wichtige Eiweißquelle entzogen wird, da nur der geringste Teil vor Ort konsumiert und der Käse auch in Kathmandu hauptsächlich von westlichen Touristen gekauft wird.

Vom Erdbeben schwer betroffen

Das schwere Erdbeben im April 2015 zerstörte mit einer riesigen Eis- und Schlammlawine nicht nur den Hauptort Langtang, sondern auch große Teile der Infrastruktur. In 6000 Meter Höhe war ein großer Teil des Lirung-Gletschers abgebrochen und fast 3000 Meter in die Tiefe gerast, gemischt mit Felsbrocken, Schnee und Schlamm. Das Dorf Langtang wurde mitsamt seinen Einwohnern und den anwesenden Touristen durch die Druckwelle teilweise weggeblasen und unter einer 100 Meter hohen Masse begraben. Es gab über 300 Opfer!

Infolgedessen kam auch die Käseproduktion völlig zum Erliegen, die Milchwirtschaft funktionierte nicht mehr, denn die Bewohner hatten mit dem Wiederaufbau der grundlegenden Infrastruktur Wichtigeres zu tun. So liegt die Anzahl an Milchvieh jetzt deutlich niedriger als in früheren Jahren. Mit ausländischer Hilfe wurde nun ein Programm durchgeführt, bei dem jeder Familie zwei Yaks zugeteilt wurden, in der Hoffnung, die Milch- und damit Käseproduktion wieder auf das frühere Level heben zu können.

Nach den vom Erdbeben ausgelösten Verwüstungen war über ein Jahr das ganze Gebiet für den Tourismus geschlossen. Anders als in warmen Zonen mit üppiger Vegetation wird es hier im Hochgebirge Jahrzehnte dauern, bis sich wieder ein dünner Teppich aus alpinen Gräsern und Kräutern über die Schlammmassen zieht und die schlimmsten Narben der Landschaft verdeckt. Nach anfänglicher Lähmung haben die Bewohner begonnen, in ihre Dörfer zurückzukehren und bauen mit erstaunlichem Improvisationsgeschick und harter Arbeit an hoffentlich sicheren Plätzen ihre Häuser wieder auf.

GANJA: HEILIGER RAUCH

Wie Unkraut wächst oder wuchert Cannabis, der indische Hanf, mit seinen typischen fünffingrigen Blättern allenthalben neben den Wegen. Unter günstigen klimatischen Bedingungen werden die mehrjährigen Stauden bis zu zehn Meter hoch, meistens aber zwei bis drei Meter. Es wachsen beide Varianten, *Cannabis indica* und *Cannabis sativa,* und wohl auch jede Menge Hybriden. Als Marihuana oder in Nepal und Indien *Ganja* werden die unbefruchteten weiblichen Blütenstände und Blätter bezeichnet, die meistens geraucht und inhaliert werden. Indiens heilige Männer, die *Sadhus*, fühlen sich ihrem Gott Shiva besonders nahe, wenn sie, die *Chillum*-Pfeife zwischen den Händen haltend, *Ganja* rauchen. Auch Nichtraucher können die euphorisierende, entspannende und, wie manche behaupten, auch heilende Wirkung von Cannabis genießen. Als *Bhang* werden Mischungen aus Hanfblüten mit Milch, Honig, Gewürzen wie Masala und weiteren halluzinogenen Kräutern bezeichnet, die Schamanen verwenden und die Anhänger von Shiva an hohen Festtagen konsumieren. Das Kraut findet auch als Räuchermittel (Weihrauch) zusammen mit anderen Pflanzen wie *Sun Pati* (Rhododendron) und Wacholder bei vielen Zeremonien Verwendung.

Seit Jahrtausenden wird Cannabis mit seinem berauschenden Wirkstoff Tetrahydrocannabinol in Indien und im Himalaya als Genuss- und Rauschmittel in religiösen Zeremonien verwendet. In den Veden, den heiligen Büchern der Hindus, wird erzählt, wie schon der Gott Shiva seine Erfahrung mit dem Hanfrauchen machte: Shiva war zwar mit Parvati verheiratet, trieb sich aber zum Leidwesen seiner Frau sehr häufig mit anderen Göttinnen herum. Durch weibliche Klugheit inspiriert, gab sie ihm, als er wieder einmal zu Hause war, die Blüten der wohlriechenden, harzigen Hanfpflanze zu rauchen. Er fühlte sich glücklich und so erregt, dass er in seiner Frau das schönste aller Wesen erkannte. Fortan blieb er seiner Frau und dem Hanfrauchen treu.

Haschisch, das konzentrierte Harz oder auch das reine Öl der Cannabispflanze, hat im Himalaya keine wesentliche Tradition und Bedeutung.

Blätter, Blüten, Samen und Harz der indischen Hanfpflanze (Mitte) enthalten verschiedene Konzentrationen von Cannabinol und werden in der *Chillum* genannten kleinen Tonpfeife geraucht.

Das Netz für Mobiltelefone ist heute in Nepal auch in schwierigem Gelände relativ gut ausgebaut. Früher war es der Postläufer (rechts), der die Nachrichten übermittelte. Zur Abwehr wilder Tiere führte er eine Lanze mit sich, deren Glöckchen seine Ankunft bereits von Weitem ankündigten.

Rechte Seite: Thulo Syabru, ein Dorf auf 2600 Metern Höhe im unteren Langtang-Gebiet, wurde auf der Kante eines Bergrückens errichtet. Die Häuser sind dort wie auf einer Perlenschnur gereiht, um kein wertvolles Ackerland zu verschwenden.

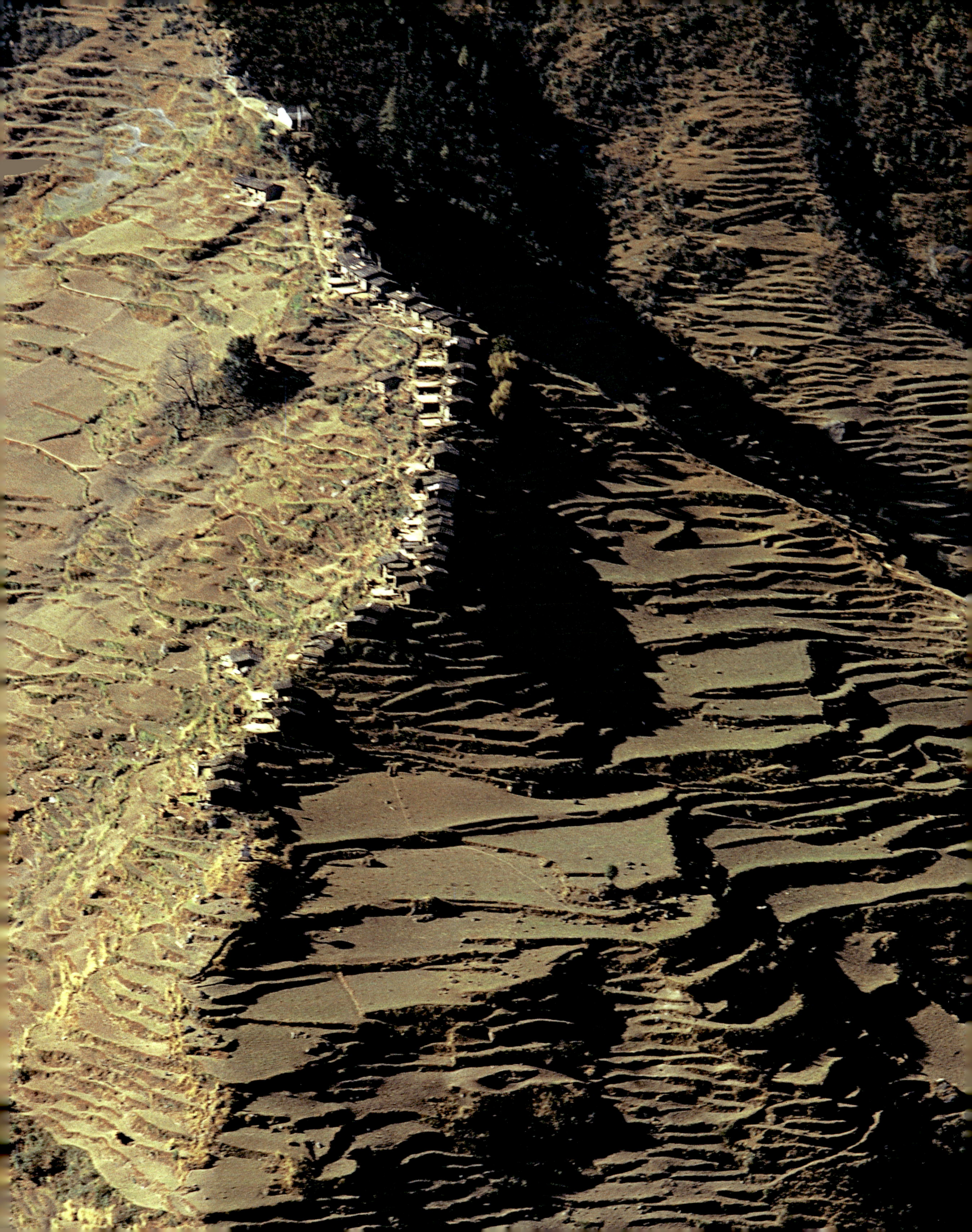

In einem Land ohne Rentenversicherung gilt eine große Anzahl von Kindern als die beste Altersvorsorge. Allerdings hat die Mitgift für viele Töchter schon manchen nepalischen Bauern ruiniert, wenn er sich deswegen zu horrenden Zinsen bei Geldverleihern verschulden musste.

Den langhaarigen Yaks, deren schützendes Fellkleid im Gegenlicht noch einmal aufleuchtet, macht die früh einbrechende Kälte auf den hoch gelegenen Almen im Langtang nichts aus.

TIBET/CHINA
N E P A L
I N D I E N
Himalaya
Simikot
Jumla
Jomsom
Dhaulagiri
Annapurna
Manaslu
8163 m
8167 m
8091 m
Mount Everest
8848 m
Makalu
8463 m
8598 m
Kathmandu
Lukla
Kanchenjunga
0 50 100 km
Great Himalaya Trail
Cultural Trail
7040
Langtang Ri
7205
Bhemdand Ri (Morimoto)
6150
6865
Dorje Pahad
6979
JUGAL HIMAL
Dagpache
6567
Langtang Lirung
7227
Langshisa Kharka
Dorje Lakpa
6966
Phurbo Chyachu
6637
Ganesh V
Ganesh VII
Langtang Lirung B.C.
Kyangjin Gompa
3830
RASUWAGADHI
LANGTANG
High Camp (North)
4720
Tilman Pass
5308
Chomopamari
6109
Timure
Chyamki
Gumthang
Paldor
5928
Dalphedi
Ghoratabela
3030
Naya Kanga
5844
5130
Kangja La
High Camp (South)
4867
Kharane
5581
Nagthali
Paldor B.C.
Tatopani
Thuman
Briddim
Langtang Khola
Tin Pokhari
4255
Chedupa Kharka
2513
Chaduk Bhir
Gongang
Keldang
Chilime
Rongga La
2187
Syabrubesi
1503
LANGTANG NATIONAL PARK
4074
Panch Pokhari
Nemagchukpa Kharka
3578
Tembathang
2160
Bhairab Kund
3258
Somdang
2238
Gatlang
Barhal
Thulo Syabru
Dhupka
Nasimpati
3925
KODARI
Chogomogor Kharka
Shin Gompa
3830
Pansan Pass
Bharkhu
Laurebina
Gosainkund
Laurebina La
4610
Kyangsin
2520
Tatopani
Dimsa
Ghopte
Hile
Shotang Kharka
3379
Namtang
GAU CONSE
Thulo Haku
DUNCHE
Saraswati Kund
Surya Kund
MELAMCHI
Yangri Peak
Bagam
2705
Phulping
Rani Kund
Jyakungchuli Kund
Panggarpu
Rupthan
Boldong
Tarkeghyang
Listi
2260
The Last Resort
1170
Sano Jyandan
3127
Sing La
Kakani
Chyochyo Kharka
Kami Kharka
Golchi
Pantang
Bhalche
Grang
Mangengoth
Timbu
Sermanthag
Gunsakot
Ghuwa
Bhote Koshi
Mandre
Dandagaon
Yarsa
Ghyangphedi
Chyandanda
Kaule
Ramche
Parchyang
Kutumsang
Mahankal
Baramchi
Kakani
Ratnaule
Sano Okhreni
Simle
Maneswor
BARHABISE
Swara
Bhorle
Dhansar
Golphu Bhanjyang
2130
Jalbire
Bhalche
Dandakharka
Melamchi Khola
Indrawati Nadi
Arkhet Bazar
BETRAWATI
Lachyang
Okhreni
Lamosangu
Sunkoshi Bazar
Piskar
Kharanitar
Betini
Thotundanda
Tallathok
Syaule
Batase
Dobate
Tadi Khola
Talamarang
Khadichaur
Churi Bhanjyang
Gerkhu
Narjamandep
Chipling
Nawalpur
Tekanpur
Polchet
Thaprek
Pati Bhanjyang
1830
Thakani
Melamchi
Kotdanda
CHAUTARA
Tauthali
Balephi
Nuwakot
Chaughada
Maruwa
Bahunepati
Pipaldanda
Jetha
BIDUR (TRISHULI)
Chhap
Talakhu
Chisapani
Nepalthok
Newargaon
Thulo Pakhar
Likhu Khola
Mudhe
Dhikure Bazar
Thansing
Pahari Yamuna
SHIVAPURI & NAGARJUN NATIONAL PARK
Arkhule
Bhare
Dadhuwa
Sagachowk
Araniko Rajmarg
Atarpur
Bhusaphedi
Singhat
Gorsyang
Lauke
Mulkharka
Chandeni
Simthali
Lisankhu
Ranipauwa
Sundarijal
Bajrayogini
Suntol
Baluwapati
Dumre
Saping
Budhasing
Devighat
Gagarche
Belkot
Jurethum
Kakani
Huwapati
Jyamdi
NAGARKOT
Bhumlutar
Dahalthok
Dastar Patare
Sanogaon
Dhapasi
Kapan
Lamidanda
Choubas
Singgarche
Gauswara
DOLALGHAT
Jorpati
Kumarigaon
Ichangu Narayan
Panchkhal
Devitar
Goganpani
SHIVAPURI & NAGARJUN NATIONAL PARK
KATHMANDU
BHAKTAPUR
Gothpani
Gunsal
Jiwanpur
Thapathali
Sano Thimi
Suryabinayak
Kharelthok
Lakhanpur
Bhimsenthan
Koteshwor
Nala
Banepa
Lamagaon
Kudari
Remti
Naghdhunga
Kalanki
Imadol
DHULIKHEL
Saramthali
Dhading
Dharke
Naubise
Bhakundebesi
Dongme
Mahadevbesi
Thankot
Kirtipur
LALITPUR
Sanga
Ryale
PANAUTI
Namobhuddha
Kutunje
Narayansthan
Damichaur
Lubhu
Harisidhi
Dapche
Bethan
Pakuwa
Tame
Thecho
Khusadevi
Khopasi
Balthali
Kharpachowk
Kokam
Lubughat
Tisung
Phakhel
Godawari
Langsal
Agara
Bungmati
Lele
Pagu
Mahadevtar
Mangaltar
Palung
Dakshinkali
Bugdeu
Nepalthok
Balting
Gogane
Manikkhal
Dhunkharka
Koptil
Mate
Bhaise
Kotregaon
Sim Bhanjyang
2584
Daman
Dhusel
Chyasingkharka
Bhusimtar
Budhakhani
Kulekhani
Sankhu
Chokhegaon
Lokpa
Tribhuvan Rajmarg
Banepa Bardibas Rajmarg
M A H A B H

TREKKING LANGTANG

GHT

Es gibt natürlich auch kürzere Wege in das Langtang-Tal, der GHT geht aber vom „Last Resort", einem Freizeitpark am Arniko-Highway, der Straße nach Tibet, durch ein dünn besiedeltes Gebiet mit Wäldern und Almwiesen (ohne Lodges!, deshalb nur als Zelttrekking machbar) in allmählichem Anstieg bis hinauf zum vergletscherten Tilman Pass (5308 m), der den Übergang ins Tal des Langtang Khola bildet. Dieser Passübergang im Eis ist technisch anspruchsvoll und ohne Steigeisen und Seil nicht machbar. Der Blick über die Siebentausender bis hinein nach Tibet entschädigt allemal! Gerade der obere Talabschnitt mit seinen Yakweiden und den schroff ansteigenden Sechs- und Siebentausendern offenbart eine gewaltige Kulisse.

Der Hauptort Langtang wurde bei dem Erdbeben 2015 durch eine riesige Eis- und Schlammlawine weitgehend zerstört. Er wurde nicht an derselben Stelle, sondern versetzt an einem hoffentlich sichereren Ort wieder aufgebaut. Große Teile der Infrastruktur sind noch nicht wiederhergestellt, und es sind nur ganz wenige Touristen anzutreffen.

Nach Süden gibt es die Möglichkeit, über den heiligen See Gosainkund und das Helambu-Gebiet mit seinen Yolmo-Bewohnern nach Kathmandu zurückzukehren.

Der GHT führt von Langtang hinab nach Syabrubesi an den Trisuli River.

Dauer: 17 Tage

Langtang

Der klassische Langtang-Trekk erfreut sich wegen der leichten Erreichbarkeit und der eindrucksvollen Landschaft großer Beliebtheit. Von Kyangjin Gompa sind noch lohnende Tagesausflüge zu Aussichtsgipfeln wie dem Tsergo Ri (4984 m) oder, bei entsprechender Ausrüstung, auch auf den 5550 Meter hohen Yala Peak möglich.

Schwierigkeit: moderat
Höchster Punkt: Kyangjin Gompa (3830 m)
Übernachtung: Lodge/Homestay
Start und Ziel: Syabrubesi (von Kathmandu per Bus oder Jeep)
Dauer: 10 Tage
Reisezeit: September bis Mai

Helambu

Es gibt eine Reihe von Möglichkeiten, das leicht zugängliche Gebiet nördlich von Kathmandu – die Heimat der Tamang und Yolmo (auch Helambu-Sherpas genannt) – im Rahmen eines Lodgetrekkings zu besuchen.

Start und Ziel: Sundarijal oder alternativ Melamchi, mit Jeep oder Bus zu organisieren
Schwierigkeit: moderat, die Wege sind gut zu finden
Höchster Punkt: Tharepati (3690 m)
Übernachtung: Lodgetrekking möglich
Dauer: 7 bis 10 Tage
Reisezeit: September bis Mai

Gosainkund

Tausende von Hindus pilgern zu Vollmond im Juli/August (*Ganga Dashahara* und *Janai Purnima*) zum heiligen See von Gosainkund (4380 m), um dort ein rituelles Bad zu nehmen. In der Mitte des Sees ragt ein phallusartiger Stein aus dem Wasser. Shiva selbst soll hier seinen Dreizack in den Boden gerammt und so den See und die Quelle des Trisuli River geschaffen haben. Gosainkund bietet sich als Ergänzung des Langtang-Trekks oder via Laurebina (4610 m) als Übergang in das Helambu-Gebiet an.

Start: Syabrubesi bzw. Sundarijal
Schwierigkeit: moderat, teilweise auch anstrengend
Höchster Punkt: Gosainkund (4380 m) oder, bei Kombination mit Helambu, der Laurebina-Pass (4610 m)
Übernachtung: Lodge und Homestay
Dauer: 7 bis 10 Tage
Reisezeit: September bis Dezember und Februar bis Mai

Schon im Oktober kann ein kurzer Wetterumschwung Schnee bringen, der aber größtenteils bei der intensiven Sonneneinstrahlung bald wieder schmilzt. Eine entsprechende Ausrüstung sollte aber in jedem Fall bei allen Trekks dabei sein.

MANASLU UND GANESH HIMAL

Obwohl es unmittelbar an die beliebte Annapurna-Region angrenzt, wurde das Gebiet um den Manaslu bisher weit weniger besucht. Der schwierigere Zugang durch das teilweise enge Tal des Budhi Gandaki hat die touristische Entwicklung über Jahre gebremst. Nachdem der Annapurna Circuit durch den Straßenbau und die große Anzahl an Trekkern etwas von seinem Reiz verloren hat, entwickelt sich die Manaslu-Umrundung nun als attraktive Alternative: Überall entstehen neue Lodges, die Besucherzahlen halten sich aber noch sehr in Grenzen.

Wir haben unseren Trekk früher als üblich begonnen. Zusätzlich hat sich der Monsun ungewöhnlich lang hingezogen, die Straße nach Arughat besteht streckenweise aus schmierigem roten Matsch. Mehrfach muss unser Kleinbus von einem Traktor herausgezogen werden, wenn wir es mit Schieben und Drücken nicht schaffen.

In Barpak, in dessen unmittelbarer Nähe das Epizentrum des schweren Erdbebens vom 20. April 2015 lag, wurden fast alle mit Trockensteinmauerwerk in traditioneller Bauweise hergestellten Häuser zerstört. Häuser, die mit Zement gebaut wurden, sind dagegen praktisch unversehrt geblieben. Obwohl zum Zeitpunkt unseres Trekks mehr als ein Jahr seit dem Erdbeben vergangen ist, sind die Geschädigten immer noch auf Selbst- und Nachbarschaftshilfe angewiesen. Die versprochenen Wiederaufbauprogramme der Regierung sind bislang nur leere Versprechungen. Was tatsächlich geleistet wurde, ist nur ein Tropfen auf den heißen Stein. Im Dezember 2016 wurde der Minister für Wiederaufbau geschasst, hoffentlich wird sein Nachfolger kompetenter und zupackender!

Auch im Tal des Budhi Gandaki sind die Spuren der Naturkatastrophe zu sehen. Durch das Erdbeben wurde das teilweise extrem steile Gelände gelockert, während der Monsunzeit hat es sich dann mit Wasser vollgesogen und schließlich dem Druck des Gewichtes nachgegeben. Mehrfach täglich müssen wir ausgedehnte Erdrutsche auf teils unsicheren Pfaden passieren. Beeindruckend

Am Fuß des Himal Chuli verbringen diese Gurung den Sommer mit ihren Schafherden.

Kamine sind in Nepal nach wie vor nicht selbstverständlich. Meist zieht der Rauch der offenen Feuerstellen durch das ganze Haus und quillt durch das Dach. Häufige Bindehautentzündungen der Augen und chronischer Husten sind die Folge.

ist eine Stahlkonstruktion, mit der eine Engstelle, an der es immer wieder Schwierigkeiten gab, über mehrere hundert Meter entlang der seitlichen Felswand mit Schweizer Hilfe überbrückt wurde. Unseren Plan, bei Lokpa für eine Woche einen Abstecher in das erst seit 2008 für Touristen zugängliche Tsum Valley zu machen, müssen wir aufgeben.

Eine unliebsame Bekanntschaft

Ein in diesem Jahr länger als üblich anhaltender Monsun und schließlich die dadurch zerstörten Zugangswege und Brücken machen uns einen Strich durch die Rechnung. Oder sind es die Geister und Götter, die uns nicht für würdig und reif halten, in dieses Refugium vorzudringen? Da es fast jede Nacht regnet und die Wege entsprechend nass sind, machen wir immer wieder Bekanntschaft mit *Djukhas*, den kleinen Landblutegeln. Die etwa ein Zentimeter langen und nur wenige Millimeter dicken, agilen und findigen Tiere sitzen an den Spitzen von Grashalmen und Blättern und warten darauf, sich bei nur kürzester Berührung an ihre Opfer zu heften. Sie schaffen es, durch die engsten Öffnungen in der Kleidung oder auch durch kleine Ösen von Schuhen einzudringen, sich schmerzlos festzusetzen und ihre Mahlzeit zu beginnen. Da sie in die Bisswunde das blutgerinnungshemmende Hirudin absondern, blutet man noch eine ganze Zeit lang, auch wenn man diesen ungebetenen Gast längst losgeworden ist. Bei Berührung mit Salz, Tabak oder einer brennenden Zigarette lassen sie sofort von ihrem Opfer ab. Gott sei Dank genügen bereits wenige Tage Trockenheit, damit sich diese kleinen

Qälgeister verziehen, und während der normalen Trekkingzeiten begegnet man ihnen kaum.
Der Budhi Gandaki durchschneidet hier das Gebirge mit einer tiefen Schlucht, die man mehrfach über schwankende Hängebrücken überquert. Wunderschöne Bambushaine wechseln sich ab mit Urwäldern aus Himalaya-Zedern und Hemlock-Tannen, deren Stämme oft Durchmesser von eineinhalb Metern und mehr haben können. Dicke Moospolster und meterlange silberne Flechten hängen an den Ästen.
Relativ häufig sieht man in dieser Gegend nepalische Hanuman-Languren, die zu den Meerkatzen gehören und ihren Namen dem Affengott Hanuman verdanken. Die grauen Tiere werden bis zu 75 Zentimeter groß und haben einen etwa einen Meter langen Schwanz, mit dem sie sich geschickt durch die Bäume hangeln können. Das schwarze Gesicht ist von einem auffälligen weißen Haarkranz umgeben. Die hiesigen Bauern haben keine Freude, wenn sie in kleinen Herden ihre Maisfelder plündern!

Fantastische Ausblicke

Bei Namrung weitet sich das Tal und es bietet sich – zumindest bei wenigstens stundenweise wolkenfreiem Himmel – ein wunderbarer Blick auf den Ganesh Himal im Osten und auf das Manaslu-Massiv im Westen. Der alte Teil des Dorfes Samagaon, der Hauptort des Manaslu-Gebietes, liegt auf einem schmalen Bergrücken. In einer langen Zeile reiht sich ein Haus direkt an das andere. Weiter oben entsteht mittlerweile ein neuer Ortsteil mit vielen Lodges. Das Frühstück auf der Dachterrasse unserer Lodge mit Blick auf den un-

Bergbauern in exponierter Lage in einem Seitental des Ganesh Himal: Das äußerst steile Gelände ist terrassiert für die Hirsefelder, darüber drängen sich die Wohnhäuser möglichst platzsparend aneinander.

TSUM VALLEY

Der indische Weise Guru Rinpoche, der den tantrischen Buddhismus nach Tibet brachte, hat entsprechend der lokalen Überlieferung im Himalaya eine Reihe von *Beyuls* geschaffen. Darunter werden mystische Orte als Rückzugsmöglichkeiten in Zeiten der Not verstanden (wie Shangri-La), aber auch reale geographische Gebiete und Täler, wie die Umgebung von *Chomolungma* (= Mount Everest), Langtang und das Tsum Valley, das erst seit 2008 für Touristen zugänglich ist. In diesem Tal soll im 11. Jahrhundert der tantrische Yogi und Meister Milarepa, der auch als der wichtigste Dichter Tibets gilt, längere Zeit in einer Höhle meditiert haben. Sein dort im Stein hinterlassener Fußabdruck wird heute noch verehrt.

Seit alters her haben die Bewohner dieses Tales das buddhistische Tötungsverbot besonders streng genommen. 1921 haben sie sich unter Führung des aus Bhutan stammenden Gurus Dorje Drukpa Rinpoche zu einer Sieben-Punkte-Deklaration verpflichtet: keine Tiere zu töten, nicht zu jagen, keinen Honig zu sammeln, keine Tiere an Schlächter zu verkaufen oder mit Fleisch zu handeln, keine Fallen für Vögel und andere Tiere aufzustellen oder Wälder niederzubrennen. Vor einigen Jahren wurde diese Verpflichtung im Rahmen eines großen Festes in Anwesenheit des nepalischen Ministerpräsidenten erneuert. Mit der Öffnung des Tales 2008 kamen aber nicht nur Touristen, sondern es wurden auch eine kleine Polizeistation und eine Abordnung der Armee hier installiert. Wie alle Hindus brachten auch diese Soldaten zum Dashain-Fest (siehe Seite 32) ein *Durga-Puja*-Tieropfer dar, um sich ein Festmahl zu bereiten. Diese Verletzung des lokalen Gelöbnisses brachte die Dorfbewohner derart auf, dass sich inzwischen die Staatsorgane verpflichtet haben, hier keine rituellen Schlachtungen mehr durchzuführen. Selbstverständlich besteht für die umgebenden Bergspitzen, die den Bewohnern als Sitze verschiedener lokaler Gottheiten gelten, ein Besteigungsverbot, das auch streng eingehalten wird.

Neben einer Reihe wichtiger Klöster sind es zwei Feste, die einen Besuch des Tsum Valley besonders lohnend machen: Dhachyang, bekannt für seine Pferderennen, findet in der kalten Zeit zwischen Ende November und Anfang Januar statt und bringt Hunderte von Pilgern in ihren farbenfrohen Trachten zu den Klöstern hin. Rituelle Maskentänze finden zu variablen Zeiten im Januar oder auch im Juni beim Nara-Fest statt.

Der Talschluss des Tsum Valley: Sechstausender begrenzen die Passübergänge nach Tibet.

mittelbar vor uns liegenden Manaslu lässt uns alle Blutegel und Regentage rasch vergessen!
Zur Akklimatisation und Vorbereitung auf die anstehende Passüberschreitung legen wir noch den Abstecher zum Manaslu Basecamp ein. Man steigt entlang eines Gletscherbruches auf, der faszinierende Formationen zeigt. Auf halber Höhe überrascht uns ein etwa 30 Tiere starkes Rudel von Himalaya-Tahr (*Hemitragus jemlahicus*), die unseren Gämsen sehr ähnlich sehen und den Ziegen verwandt sind. Erstaunlicherweise kann ich mich relativ nah heranpirschen, ohne sie wesentlich zu beunruhigen.

„Berg der Seele"

Kurz nach dem Besteigungsversuch des Manaslu durch eine japanische Expedition im Jahr 1953 hat eine gewaltige Lawine das in einem Seitental gelegene Kloster Pungyen zerstört und 18 Menschenleben gekostet. Von den Mönchen wurde das dahingehend interpretiert, dass die Götter durch den Besteigungsversuch gestört worden seien, deswegen gezürnt und so das Unglück heraufbeschworen hätten. Für mehrere Jahre ließen die Bewohner von Samagaon keine weitere Expedition zum Manaslu vordringen. Erst die Wiedererrichtung des Klosters mit japanischen Geldern und die Einsicht, dass die Götter die Japaner am Berg direkt hätten treffen müssen und nicht die unschuldigen Lamas von Samagaon, öffneten weiteren Bergsteigern die Wege. Allerdings wurde die noch heute gültige Regel eingeführt, dass sämtliche Expeditionsgüter von Samagaon bis zum Basecamp nur von einheimischen Trägern oder Karawanen zu festgesetzten Löhnen befördert werden dürfen. Auch für die Überquerung des technisch völlig harmlosen Larkya La haben sich die geschäftstüchtigen Bewohner etwas einfallen lassen: den sogenannten Pony-Express, mit dem der Pass gegen entsprechendes Entgelt auf einem Pony reitend überquert werden kann.

Mithilfe eines Bambustabletts und geübten Bewegungen trennen die Gurung-Frauen die Spelzen von den Maiskörnern.

Lange vor Morgengrauen müssen wir unser Lager abbrechen, um den langen Anstieg zum Larkya La zu schaffen und auf der anderen Seite des Passes rechtzeitig wieder einen geeigneten Platz für die Nacht zu erreichen.

Unter Bergsteigern hat der Manaslu („Berg der Seele") einen eher schlechten Ruf: Er ist gefürchtet wegen des schwierigen Aufstiegs, der schon besonders viele Opfer gefordert hat. 1981 wurde hier von zwei Österreichern die erste Skiabfahrt von einem Achttausender durchgeführt, die als eine der längsten Abfahrten weltweit gilt.

Aufstieg nach Ganpokhara

Wir sind dabei, die vielen hundert Steintreppen nach Ganpokhara hinaufzusteigen. Etwa auf halber Höhe treffen wir eine Gruppe Einheimischer. Einheimische? Während die anderen die übliche abgewetzte und nicht mehr ganz saubere Kleidung tragen, fällt ein etwa 20-jähriger junger Mann aus der Reihe, der mit seinem feinem Hemd, Lambswool-Pullover und Socken mit Rautenmuster auch ein englischer Collegeschüler sein könnte. Als er uns dann noch mit akzentfreiem Oxford-Englisch einen guten Tag wünscht, kommen wir ins Gespräch. Wo kommt er her? Bhabiraj lebt in der Nähe von London, wo sein Vater als Offizier bei den *Royal Gurkha Rifles,* einem englischen Elite-Regiment, dient. Sein Großvater ist kürzlich verstorben, und so muss jetzt die ganze Familie zusammenkommen, um die notwendigen Totenrituale durchzuführen. Er kann uns nicht nur die Geschichte seiner Familie erzählen, sondern auch erklären, wie es dazu kam, dass die Gurkhas heute noch bei den Engländern, in Indien und Brunei dienen und früher auch in Hongkong. Bhabiraj, für den der Vater ursprünglich auch eine Karriere beim Militär vorgesehen hatte, hat vor zu studieren – in England! Inzwischen bekommen pensionierte Ex-Gurkhas und deren Familien ein Bleiberecht in Großbritannien – letztendlich bedeutet dies für Nepal den Verlust einer gut ausgebildeten Elite, die das Land notwendig bräuchte.

GURKHA: ELITETRUPPE IM DIENSTE GROSSBRITANNIENS

Als die Engländer im 18. Jahrhundert Indien eroberten und weiter nach Norden in die Bergregionen vordringen wollten, hatten sie erste militärische Auseinandersetzungen mit den Gurkhas. Deren König Prithvi Narayan Shah, dessen Vorfahren aus Rajasthan gekommen waren, hatte, ausgehend von dem kleinen Städtchen Gorkha, bereits ganz Nepal in der heutigen Ausdehnung erobert und geeint. Die englischen Militärs waren von den kämpferischen Fähigkeiten dieses Bergvolkes so beeindruckt, dass sie lieber nicht weiter dagegen kämpfen wollten, sondern sie als Söldner in ihre Truppe aufnahmen. Während der gesamten Zeit des *British Raj*, der Herrschaft der Engländer in Indien, dienten Söldner aus dem nepalischen Bergland treu in der britischen Armee. Auch nach Abzug der Engländer verblieben in den Nachfolgestaaten immer noch eine große Anzahl Nepalis in deren militärischen Diensten. Während des Zweiten Weltkrieges waren es 250.000 Gurkha-Soldaten, die von den Briten an sämtlichen Kriegsschauplätzen eingesetzt wurden, so unter anderem bei der Schlacht 1944 am Monte Cassino gegen die deutsche Wehrmacht. Es wird erzählt, diese Elitetruppe habe im Nahkampf mit den Deutschen noch das *Kukri* (*Khukuri*) zur Hand genommen, ein etwa 50 Zentimeter langes Krummschwert, das obligatorisch zu ihrer Ausrüstung und Uniform gehört.

Seit Jahrhunderten wird dieses schlagkräftige Werkzeug nicht nur von den Kriegern, sondern auch von den Bauern der nepalischen Bergregionen für die tägliche Arbeit benutzt. Eine kleine, *Cho* oder *Kaudi* genannte, doppelte Einkerbung, die dem Hufabdruck eines Rindes gleicht und zugleich das hinduistische Fruchtbarkeitssymbol OM darstellt, soll den Besitzer daran erinnern, dass er als Hindu keine Kühe töten darf. Zusätzlich dient diese Einkerbung als Tropfnase, um Blut und andere Flüssigkeiten vom Griff fernzuhalten. Neben dem Kukri unterscheiden sich die Gurkhas auch durch ihre Kopfbedeckung von allen anderen Soldaten. Der schräg auf dem Kopf sitzende steife Filzhut mit der eigenartigen Bezeichnung *hat, felt, gurkha* („Hut, Filz, Gurkha") sitzt ganz oben auf dem Kopf, bedeckt nur ein Ohr und wird mit einem Kinnband getragen.

Ursprünglich kamen diese Soldaten wirklich aus der Umgebung des Städtchens Gorkha. Neben Gurung werden inzwischen auch junge Männer aus vielen anderen Volksgruppen, wie z. B. Tamang, Magar, Limbu oder Rai, in diese Regimenter aufgenommen. Für die jährlich noch ca. 176 Plätze, die im britischen Dienst frei werden, bewerben sich etwa 25.000 junge Männer, die ein strenges Auswahlverfahren durchlaufen müssen. Wer es nicht schafft, einen der wenigen Plätze in der Söldnerarmee zu bekommen, versucht heute oft, als Gastarbeiter in Malaysia oder den Golfstaaten Geld zu verdienen und sich damit einen finanziellen Grundstock für seine Zukunft zu schaffen und die Familie zu unterstützen.

Über lange Zeit waren die Einnahmen aus den Solden und Pensionen der Soldaten die einzige Devisenquelle für den nepalischen Staat. Inzwischen bringt der Tourismus natürlich einen weit größeren Betrag ein. Die Zahl der Gurkha-Söldner in englischen Diensten wird immer weiter beschränkt, aber es dienen immer noch 2800 Nepalis in England.

Vorhergehende Doppelseite: Von Samagaon aus präsentiert sich der Manaslu in seiner ganzen kalten Eleganz.

Handwerkskunst mit einfachsten Mitteln: Mit Handspindeln wird die Schafwolle gesponnen, bevor sie mit primitiven Webstühlen zu groben Wollstoffen verarbeitet wird. Billige Massenware aus China und Indien ersetzt aber auch hier zunehmend die handgefertigten regionalen Trachten.

Rechte Seite: Auf den Reisterrassen wird häufig Senf als Zweitfrucht angebaut, dessen leuchtend gelbe Blüten im Herbst oft die einzigen Farbtupfer in der Landschaft sind.

Nächste Doppelseite: In klimatisch begünstigten Lagen, wie hier im Ganesh Himal, wird Reis noch auf Höhen von 3000 Metern angebaut, besondere Sorten in Bhutan sogar bis 3600 Meter. Als zweite Frucht folgt häufig noch Gerste.

Yandol La
5326
Yamdro
Bhajyo
Mailatsathing La
5093
Thaple La
5104
Kalung
Chhekya
Dupchet
Lungdang
Mu Gompa
Chhule
Pashybo
6177
Nile
Pangdun
Langju Himal
6426
Chiphu Gumba
Lamagaon
Rachen Gompa
Chhokang Paro
Himlung
7126
Lajin La
4998
Lajyun La
5098
Saula Himal
6235
Lapuchun Himal
5996
Shiringi Himal
7187
Serang Gumba
TSUM VALLEY
Kowo
DOMJE
Gumba Lungdang
Ganesh Himal B.C.
Ganesh I (Yangra)
7422
Ganesh V
Ganesh II
7118
Ganesh VI
6908
Ganesh III (Salasunggo)
7043
Ganesh VII
Ganesh IV (Pabil)
7104
Dharmasala
4460
SAMDO
3875
Larkye La
5135
Ponkar Tal
BIMTANG
3590
Manaslu B.C.
Shyala
Lho
Sho
Lihi
Ghap
Bihi
Chumling
Ripchet
Sama (Ryo)
3520
Pung Gyen Gumba
Namrung
2630
Prok
Bihi Phedi
Hampuk
Yak Kharka
Kharche
Manaslu
8163
MANASLU HIMAL
Simnang Himal
6251
Kalchhuman Lake
Deng
1860
Nyak
Lokpa
Ekle Bhatti
MANASLU CONSERVATION AREA
Goa
2515
Tripple Pass
4500
Dharmasala
Nadi Chuli (Peak 29)
7871
Himal Chuli B.C.
Rani Peak
6693
Gomna
Budhi
Phillim
1570
Thonje
1965
DHARAPANI
Dona Tal
Himal Chuli
7983
Jarang
Sirdibas
Dudh Pokhari
Kalo Pokhari
Paldor
5928
Karte
Marsyangdi
JAGAT
1340
Yaruphant
Dobhan
Gandaki
Dobra Danda
Kalo Tal
Paldor B.C.
Tatopani
Nagthali
Thulman
Gongang
Chilime
Nochhet Kharka
Rupina La
4722
Tal
Chyamche
Jagat
Syange
Ghermu
Misi Pokhari
Dudh Pokhari
Uiya
Tatopani
Kerauja
Hindung
Kapurgaon
Rongga La
2187
Somdang
3258
Gatlang
2238
Barbal
Tipling
1890
Pansan Pass
3830
Gambugang
Khorlabesi
Machhakhola
869
Mangro Bhanjyang
2936
Lapa Khola
Bharkhu
DUNCHE
Thulo Haku
Chhapagaon
Nadi
Bahundanda
Jongong
Singla
Laprak
Nauban Kharka
2750
Yarsa
Lapa
Boran
Singla Kharka
Gothkharka
Gupsi Danda
Khanibesi
Myangal Bhanjyang
2975
Sing La
Boldong
Ghanpokharka
Bhulbhule
Barpak
Lapubesi
Chhapchet
Taranche
Phaleni
Simi
Ghyachchowk
Dharche Danda
Salleghari
Kalmrati
Bhalche
Grang
Bhujung
Khudi
Bulbhule
Bansar
Kharibot
Sotikhola
Dandagaon
Ghalegaon
Purano Duwar
Kirtipur
Bichaur
Nyauli Kharka
Simgan
Kuri
Kaule
Ramche
Parchyang
Bagum
Pachowk
Hasapur
Kalibote
Kuerepani
Manbu
Tawal
Salme
BESISAHAR
Jampokhari
Tallo Thotneri
Darkha
Khorsyattol
Glementho
Swara
Bhorle
Bhoje
Pokharta
Baseri
Dansin
Gumdi
Kintanbesi
Bhalche
Maling
Gaunshahar
Chiti Tilhar
Archalbot
Kolki
Arkhet Bajar
Kimtan
BETRAWATI
Gilunng
Phaliya Sagu
Baubari
Lakuribot
Budhathum
Phulkharka
Bhogteni
Buntang
Arkhet Bazar
Karapu
Sindure
Bhote Odar
Bhalayakharka
Ghyampesal
Chhapthok
Marpak
Chuiri Bhanjyang
Gerkhu
Narjame
Bangre
Chandeshwor
Sundar Bajar
Chakratirtha
Thalajung
Arukul
Bhaluswanra
ARUGHAT
Majhgaon
Chrangephedi
Polchet
Parewadanda
Katunje
Samari Bhanjyang
Taksar
Nuwakot
Isaneshwar
Kunchha
Takurghat
Chhporak
Sangu
Khanchowk
Taple
Baguwa
Golantar
Bhorletar
Chisapani
Aanppipal
Ahale
Belgaon
Jyamrung
BIDUR (TRISHULI)
Dhikure Bazar
Bayapani
Bhogteni
Asrang
Dansing
Numki
Suryapal
Tal Bagaicha
Khoplang
Palumtar
Chainpur
Gola Bhanjyang
Gorsyang
Lauke
Siddha
Champani
Turture
Chhepetar
GORKHA
Gorkha Darwar
Borlang
Kaphalpani
Chamare Gupha
Patle
Chandani
Budhasing
Devighat
Belkot
Jurethum
Tuhere Rasai
Kharjhatiya
DHADINGBESI
Kalesti Bajar
Gajaude
Sepa Bagaicha
Bunkot
Namjung
Khalte
Dahalthok
Dastar Patare
Amreni
Chambas
Jiune Danda
Kashiram Danda
Sunaulabazar
Kumarigaon
Madi Khola
Kyamin
Nagapani
Fujel
Kalleri
Goganpani
SHIVAPURI NATIONAL PARK
Shymgha
Archalchaur
Bhansar
Dhuwakot
Ghairung
Kalidaha
Belkhu
Trisuli
Jiwanpur
Bakrang
Durbang
Bhimsenthan
TIBET/CHINA
Simikot
Jumla
Jomsom
Dhaulagiri
8167 m
Annapurna
8091 m
Manaslu
8163 m
Himalaya
NEPAL
Mount Everest
8848 m
Makalu
8463 m
8598 m
Kanchenjunga
Kathmandu
Lukla
0
50
100
km
Great Himalaya Trail
Cultural Trail
INDIEN
MANAKAMANA
Kurintar
MALEKHU
Baireni
Dharke
Mahadevbesi
Gajuri Bajar
Ghyalchowk
Prithvi Rajmarg
Benighat
Damichaur
MUGLING
Gajuri
Kiranchowk
Tame
Tisung
Jogimara
Agara
Palung
Kotgaon
Mahadevsthan
Dankhani
Dandakharka
Gogane
Khairang
Sim Bhanjyang
2584
Dam
Tribhuvan Rajmarg
Lothar
Shaktikhor
Siddi
Kankada
Bharta Pundyadevi
Lamidanda
Chainpur
Korka
Raksirang
Chuniya
Kalikatar
Naram
Jaubari
Besaedanda
Ratnapur
Narayangadh
Samitar
Bhandara

TREKKING MANASLU UND GANESH HIMAL

GHT

Nach Überquerung des Trisuli bei Syabrubesi folgt der Abschnitt entlang des Ganesh Himal durch eine Reihe schöner Tamang- und Gurung-Dörfer. Beginn: Trisuli – Dhunche (per Bus/Jeep erreichbar). Nur als Zelttrekking mit ortskundigem Führer empfehlenswert (auch als „Tamang Heritage Trail" angeboten). Mehrere leicht zu querende Pässe bringen uns schließlich bei Khorlabesi im Tal des Budhi Gandaki auf die Manaslu-Runde, die üblicherweise in Arughat startet. Der härteste Teil ist, wegen der langen Tagesetappe, die Überquerung des 5135 Meter hohen Larkya La. Technisch ist dieser Pass sehr einfach. Bei Dharapani im Marsyangdi-Tal treffen wir auf den Annapurna Circuit.
Dauer: 18 Tage

Manaslu-Runde

Umrundung eines Achttausenders, bisher noch nicht überlaufen. Besonders reizvoll ist die erweiterte Variante mit einen Besuch des Tsum Valleys (zusätzlich ca. 1 Woche). Eine Variante zum Zustieg durch das Tal des Budhi Gandaki stellt die selten durchgeführte Überquerung des Rupina La mit 4720 Metern dar. Von Norden nach Süden ist sie deutlich weniger anstrengend als in der umgekehrten Richtung!
Schwierigkeit: Ausdauer nötig, Wege gut zu finden
Höchster Punkt: Larkya La (5135 m)
Übernachtung: Die Manaslu-Runde ist inzwischen als Lodgetrekking möglich, entlang des Trails herrscht rege Bautätigkeit, und es entsteht nicht nur in Samagaon eine Unzahl neuer Lodges und teilweise auch Hotels.
Start: Arughat (Anfahrt mit Jeep oder Bus)
Ziel: Besisahar (Rückfahrt mit Jeep oder Bus)
Dauer: 18 Tage
Reisezeit: Oktober/November und Mitte April bis Juni

Tsum Valley

Bei Lokpa ergibt sich während der Manaslu-Runde die Möglichkeit zu einem Abstecher (zusätzlich 7 Tage) in das noch wenig erschlossene Tsum Valley an der tibetischen Grenze. Es lohnt sich auch, das Tal in einem separaten Trekk zu besuchen. Für den Rückweg wäre auch die Überquerung des Rupina La (4720 m) eine Option (allerdings nicht in den Wintermonaten!) mit Ziel Barpak/Gorkha. Ausschließlich als Zelttrekking möglich.
Schwierigkeit: moderat
Höchster Punkt: Mu Gompa (3700 m)
Übernachtung: Homestay, vereinzelt Lodges oder Camping
Start und Ziel: Arughath (mit Jeep oder Bus erreichbar)
Dauer: 15 Tage
Reisezeit: Oktober bis Dezember und März bis Juni

Auch in dicht besiedelten Gebieten gibt es aufgrund der schweren Zugänglichkeit nach wie vor häufig keine Straßen. Die Verbindungswege zwischen den Dörfern nutzen seit jeher die kürzeste Strecke, ohne Rücksicht auf Schluchten oder

ANNAPURNA

Der Annapurna Circuit ist zu Recht der wohl beliebteste Trekk in Nepal. Die spektakuläre und einmalige Landschaft rund um das gewaltige Annapurna-Massiv zieht jährlich Zigtausende von Bergbegeisterten aus der ganzen Welt an – und das ist der einzige Wermutstropfen an der Sache, denn allein ist man hier nur selten unterwegs. Es gibt inzwischen eine ausreichende Anzahl von teilweise sehr gut ausgestatteten Lodges oder Hotels, um diese Tour auf eigene Faust zu unternehmen. Wer sich zutraut, abseits der Hauptroute (dann eventuell mit einem Guide) zu wandern, wird besonders grandiose Ausblicke erleben können.

Über die Weihnachtsfeiertage 1969/70 geht unser allererster Trekk von Pokhara entlang des alten Karawanenwegs nach Tatopani und weiter im Tal des Kali Gandaki über Ghasa, Tukuche und Marpha nach Jomosom.

Nach der Niederschlagung des Aufstandes in Tibet durch die Chinesen und die Flucht des Dalai Lama 1959 nach Indien flohen ungefähr 100.000 Tibeter aus ihrer angestammten Heimat auf dem Dach der Welt und wurden hauptsächlich in Indien, Ladakh und auch in Nepal aufgenommen. Im tibetischen Flüchtlingslager Hyangja lerne ich den aufgeweckten 14-jährigen Duppa kennen, der uns nach Jomosom führen soll. Sein 62-jähriger Onkel verdingt sich als Träger. Unterwegs schlafen wir auf Schulhöfen, kommen in Bauernhäusern unter oder übernachten in den Karawansereien der hier ansässigen Thakali, die diese Stützpunkte für den Handel zwischen Tibet, Mustang und den südlichen Landesteilen unterhalten. Wir kommen nur bis Jomosom, dahinter liegt absolutes Sperrgebiet, und es gibt für Besucher aus dem Westen keine Möglichkeit weiterzugehen. Während der zehn Tage, die wir unterwegs sind, treffen wir nur drei Touristen, eine davon ist eine 80-jährige Amerikanerin, die eine Sänfte mit vier Trägern dabei hat, um sich über Wegstrecken, die sie selbst nicht mehr gehen kann, tragen zu lassen. Seitdem hat sich vieles verändert. Zum Vergleich: 2010 trekkten 72.000 Touristen (teilweise 200 bis 300 pro Tag) auf dem Annapurna-Circuit!

Auf dem Annapurna Circuit: Zwischen Hongde und Braga weitet sich das Tal des Marsyangdi und bildet eine malerische Hochebene. Nach dem vielen Auf und Ab der vorhergehenden Tage kann man hier endlich richtig ausschreiten und die beeindruckende Annapurna-Kette genießen.

Die südlich der Annapurna-Kette gelegene Gegend um Pokhara bietet mit dem vorgelagerten Machhapuchhare (rechts), dem „Matterhorn Nepals", zu allen Jahres- und Tageszeiten eine traumhafte Kulisse.

Zeitenwechsel: Unser Annapurna-Trekk 2012 ist ohne jegliche Zwischenfälle verlaufen. Auch den steilen Abstieg vom Tilicho-See haben unsere Knie gut überstanden, nun sind wir zurück in Jomosom. Der Hauptort des Distriktes Mustang ist kein besonders attraktiver Ort, und dort zwei Tage bei fast ständig pfeifendem Wind herumzusitzen und auf unseren Flug zu warten, löst keine Begeisterung aus. Starts und Landungen sind in Jomosom immer nur morgens bis etwa neun Uhr möglich, später gleicht diese Engstelle im Kali-Gandaki-Tal einem Windkanal mit Böen bis zur Orkanstärke.

Die tiefste Schlucht der Erde

Die beiden Achttausender Dhaulagiri („Weißer Berg") und Annapurna („die nahrungsspendende Göttin", ein anderer Name für Parvati, die Gattin des Gottes Shiva) liegen nur 34 Kilometer auseinander, dazwischen zwängt sich der Kali Gandaki auf 2540 Metern Seehöhe durch eine Schlucht und bildet damit den tiefsten Taleinschnitt der Erde. Der Kali Gandaki fließt in Nord-Süd-Richtung von Tibet nach Indien und ist älter als der Himalaya. Während sich durch die geologische Kollision der indischen mit der asiatischen Platte der Himalaya allmählich anhob, konnte der Fluss sein Bett stets behaupten und den Einschnitt immer tiefer einfräsen. Auch Indus und Brahmaputra konnten über Jahrmillionen ihre Fließrichtung beibehalten und den Himalaya durchschneiden. So bildet das höchste Gebirge der Erde bis heute keine Wasserscheide.

Wir haben zwar von der Straßenverbindung nach Pokhara, die 2008 eröffnet worden ist, schon viele Schauergeschichten gehört, entschließen uns aber dennoch, einen Jeep zu organisieren, der uns dorthin bringen soll. Die Straße ist zwar teil-

weise abenteuerlich gebaut und voller Schlaglöcher und Rinnen, da aber der Monsun bereits vorbei ist, nicht gefährlich rutschig. Trotzdem dauert die Fahrt fast den ganzen Tag, denn asphaltiert ist höchstens das letzte Drittel der Strecke.

Natürlich hätten wir auch zu Fuß gehen können, die neue befahrene Trasse folgt nur an wenigen Stellen den alten Pfaden. Meistens kann man auf der anderen Flussseite oder auch abseits der Straße über die Dörfer gehen. Ab Tatopani – dort sollte man die Gelegenheit zu einem ausgiebigen Bad in den heißen Quellen nicht versäumen! – lässt man die Straße sowieso hinter sich und kommt über Ghorepani und Ghandruk in das landschaftlich besonders attraktive Gebiet der südlichen Annapurna-Ausläufer. Hier dominiert der vorgelagerte Machhapuchhare, der Fischschwanzberg, auch das „Matterhorn Nepals" genannt, mit seinen 6993 Metern das Panorama.

Das Volk der Gurung

Stattliche zweistöckige Häuser mit Veranden prägen hier das Bild der Gurung-Dörfer. Auch dieser Volksstamm ist ursprünglich aus Tibet in die südseitigen Himalaya-Ausläufer eingewandert und spricht eine eigene tibeto-burmesische Sprache (*Temü-Tan*). Neben der Landwirtschaft mit Anbau von Reis, Mais, Weizen und Hirse sind die Gurung für ihre riesigen Schafherden in den Bergregionen bekannt. Während die Gurung, die in den nördlichen und höher gelegenen Tälern leben, Buddhisten der lamaistischen Prägung sind (*Lama-Gurung*), bekennen sich sehr viele in den südlicheren und flacheren Gebieten um Pokhara und Baglung zum Hinduismus (*Cho-Gurung*).

Wesentlich attraktiver als Jomosom ist der etwas südlicher gelegene Ort Marpha, der den Trekker mit der Hinweistafel *Apple capital of the country*

Gurung-Frauen tragen typischerweise eine kurze Samtweste und schmücken sich gern mit großflächigen, vergoldeten Ohrgehängen.

empfängt. Tatsächlich liegt Marpha inmitten riesiger Apfelplantagen. Die 1970 noch als staubig und trocken erlebten ausgedehnten Sand- und Schotterebenen des Flusses wurden in den letzten Jahren mit großem Erfolg von den Thakali kultiviert und bringen mittlerweile eine so reichhaltige Ernte, dass die Äpfel teilweise mit großen russischen Transporthubschraubern exportiert wurden.

Wir hatten 1972 auf dem Weg nach Jiri Sherpa Pasang Khambache kennengelernt, der damals gerade anfing, in klimatisch und vom Boden her geeigneten Gebieten Tausende von Apfelbäumen zu pflanzen und Wildlinge zu veredeln. Er hatte den englischen Anthropologen und Tibetologen David Snellgrove („Himalayan Pilgrimage") auf dessen ausgedehnten Forschungsreisen in Nepal begleitet. Dieser nahm ihn dann mit nach England, wo er neun Jahre blieb. Anschließend konnte er mit einem Stipendium in Frankreich Obst- und Gartenbau studieren. So lernte er neben Weinanbau die Obstbaumkultur kennen und führte nach seiner Rückkehr den Apfelanbau in Nepal ein. Wahrscheinlich hat dieser Mann mit minimalem finanziellen Aufwand mehr zur wirtschaftlichen Entwicklung großer Landstriche beigetragen als die ganze westliche Entwicklungshilfe zusammengenommen. Nicht zuletzt deshalb hat Nepal Sherpa Pasang Khambache mit einer eigenen Briefmarke geehrt.

Straßenverbindung mit Tibet

Im Frühjahr 2014 wurde die Straßenverbindung von Jomosom Richtung Norden nach Mustang und weiter bis nach Tibet eröffnet. Die Jahre zuvor konnte Lo Manthang, der Hauptort von Mustang, nur mit einem aufwändigen Umweg auf tibetischen Straßen über Kodari durch von Kathmandu kommende Lkw-Konvois mit Grundnahrungsmitteln versorgt werden. Für viele Einheimische ist die neue Verbindungsstraße daher ein heiß ersehnter Fortschritt, bedeutet dies doch neben der Unabhängigkeit vom Wohlwollen der Chinesen eine wesentlich preisgünstigere Versorgung mit Nahrungsmitteln sowie verbesserte Möglichkeiten, medizinische Hilfe zu erreichen. Die Werbung einer Agentur aus Kathmandu für Trail-Motorradtouren nach Mustang macht mir jedoch auch bewusst, wie dankbar ich sein kann, diese Gegend noch vor der Motorisierung und ohne die Staubfahnen, die der Verkehr hier mit sich bringt, erlebt zu haben.

Der Straßenbau in der Annapurna-Region ist jedoch nicht auf das Kali-Gandaki-Tal beschränkt. Vom Osten her geht die Trasse im Marsyangdi-Tal über Besisahar bereits bis Chame und wird in Kürze bis Manang fertiggestellt sein. Auch diese Anbindung bringt für die Bewohner sicherlich Vorteile, nicht zuletzt wird sich dadurch auch der Tourismus weiterentwickeln. Der Trekker, der die Einsamkeit sucht, kann immer noch Nischen und Wege abseits der großen Besucherströme finden und das einmalige Naturerlebnis dieser Landschaft genießen.

Um der Touristenkarawane zu entgehen, überlege ich mir anhand von Karten eine völlig andere Route, die allerdings nicht überall als Lodgetrekking, sondern nur mit Zeltausrüstung möglich ist. Da die Gangbarkeit der Wege nicht klar ist, schickt unsere Agentur aus Kathmandu einige Monate vorher zunächst einen kleinen Spähtrupp vor. Von Pokhara wandern wir mit Blick auf den Machhapuchhare über schöne Gurung-Dörfer wie Siklis und den 5560 Meter hohen Namun-Pass, stoßen in Timang im Marsyangdi-Tal auf den Hauptweg, den wir hier aber schon einen Tag später in Koto wieder in Richtung Norden nach Naar und Phu verlassen. Dieses Seitental, das ganz tibetisch geprägt ist, gehört nicht zum klassischen Annapurna Circuit, und man benötigt ein zusätzliches teures Permit. Das auf einem Burgberg gelegene Phu präsentiert sich als ein ganz besonders malerischer, geschlossener und noch weitgehend original erhaltener Ort. Von hier aus gibt es eine Möglichkeit, in Richtung Norden über mehrere Pässe und teilweise über die Gletscher des Damodar Himal nach Luri in Mustang zu gelangen.

In Naar kommen wir gerade noch rechtzeitig zum Ende der Ernte. Die Felder, auf denen Kartoffeln und Gerste angebaut werden, liegen in einer großen fruchtbaren Ebene unterhalb des stattlichen Ortes. Die Gerste wird mit Dreschflegeln gedroschen, wobei sich die jungen Männer in zwei Reihen gegenüberstehen. Diese Arbeit wird eigenartigerweise während der Nacht bei Temperaturen

Machhapuchhare, der „Fischschwanzberg", hier einmal aus der ungewohnten Perspektive des Annapurna Basecamps. Der charakteristische Doppelgipfel ist von hier aus nur zu erahnen.

BAMBUS: NUTZPFLANZE FÜR ALLE FÄLLE

Der zu den Süßgräsern gehörende Bambus mit seinen zahlreichen Untergruppen, die nur wenige Zentimeter oder auch 20 Meter hoch (*Bambusa nepalensis*) werden können, ist eine der meistgenutzten Pflanzenfamilien Nepals. Kaum ein Haushaltsgegenstand, der sich nicht aus Bambus herstellen ließe. Matten und Körbe (*Doko;* Abb. rechts oben), Tabletts (*Nanglo*) sowie Siebe, Dachabdeckungen und Zäune werden geschickt aus den aufgespaltenen Bambustrieben geflochten, Leitern und Gerüste für ganze Häuser aus den armdicken Stangen erstellt (Abb. oben Mitte). Bambus ist keineswegs nur in den tropischen Regionen zu finden. Es gibt zahlreiche Arten, die auch strengen Frost vertragen. Der in einigen Bergregionen noch heimische rote Panda ernährt sich hauptsächlich (allerdings nicht ausschließlich wie sein großer chinesischer Verwandter) von Bambustrieben. Die Bambusschösslinge finden aber in der nepalischen und indischen Küche keine Verwendung.

Etwa 1500 Bambusarten gibt es weltweit. Nicht nur in Südasien, auch in Afrika und dem tropischen Amerika werden die hervorragenden Eigenschaften von Bambus, wie geringes Gewicht, enorme Stabilität, Bruchfestigkeit und Biegsamkeit, in unzähligen Anwendungen genutzt.

unter null Grad durchgeführt. Am Abend werden die Dreschplätze mit Wasser übergossen, sodass der sonst unvermeidliche Staub mit Eis gebunden wird. Das rhythmische Schlagen der Dreschflegel wird die ganze Nacht hindurch von einem monotonen Wechselgesang der Jugend begleitet. Am Morgen kommen dann die Frauen hinzu, um das Getreide zu worfeln, also Spreu und Korn zu trennen, indem sie, bei möglichst viel Wind, das Getreide aus flachen Körben kurz in die Luft werfen und zu Boden fallen lassen, wobei die Spreu durch den Luftstrom weggeweht wird. Lässt der Wind nach, pfeifen die Frauen einfache Melodien in der Vorstellung, den Wind dadurch wieder aufleben lassen zu können.

Passverbindungen nach Mustang

Von Naar gibt es außer dem Thorung La noch eine weitere Möglichkeit, nach Mustang zu kommen: über den Teri La (5529 m) – ein Weg, der in Zukunft touristisch sicher interessant sein wird, nachdem die Hauptroute entlang des Kali Gandaki durch die neue Straße an Reiz verloren hat.

Da Naar bereits auf 4100 Meter liegt, ist unser Anstieg auf den 5322 Meter hohen Kang La, dem Übergang zwischen Pisang und dem Chulu Far East, nicht mehr besonders schwierig. Von dieser Passhöhe hat man eine unglaubliche Aussicht auf die gesamte Gipfelkette der Annapurna, die zum Greifen nahe scheint. Der Hauptgipfel Annapurna I, mit 8091 Metern der zehnthöchste Berg der Erde, wird wegen der besonders großen Lawinengefahr nur selten bestiegen. Bei kaum einem anderen Berg kommen so viele Todesfälle auf einen erfolgreichen Gipfelsieg. Die Erstbesteigung gelang 1950 den Franzosen Maurice Herzog und Louis Lachenal, es war die erste erfolgreiche Besteigung eines Achttausenders überhaupt. Neben dem Hauptgipfel Annapurna I reihen sich noch die Gipfel II bis V sowie Annapurna South in diesem gewaltigen Massiv.
Sobald man im Tal ist, trifft man bei Humde wieder auf die viel begangene Hauptroute und ist nicht mehr allein. Nach einigen Wegstunden wird Manang erreicht, der größte Ort dieses Gebietes. Dessen Bewohner waren seit Jahrhunderten während der Wintermonate als Händler im gesamten Himalaya-Gebiet, aber auch in Nordindien und bis nach Hongkong unterwegs. Bevorzugt wurden sie durch das Dekret eines früheren Königs, der ihnen – um sich ihrer Loyalität zu versichern – Steuerfreiheit gewährte. Diese Privilegien wurden auch noch von den letzten Königen bestätigt und sind ein Grund für den vergleichsweise enormen Reichtum der aus Manang stammenden Familien, die große Hotels und andere Besitzungen in Kathmandu ihr Eigen nennen. Auch der gesamte Glücksspielsektor soll in ihren Händen liegen. Der einst so malerische Ort Manang verfällt jedoch zunehmend, die alten Häuser stürzen ein, am Ortsrand entsteht ein neues, gesichtsloses Touristenviertel. Für uns ist das kein Platz zum Verweilen.

Zum höchsten Süßwassersee der Erde

Kurz hinter Manang verlassen wir den Annapurna Circuit wieder in Richtung Tilicho Lake. Auf 4920 Meter gelegen, ist er der höchste Süßwassersee der Erde – 1100 Meter höher als der Titicacasee. Was für ein eindrucksvoller Platz! Am gegenüberliegenden Ufer kalben die Gletscher direkt in den See, darüber türmen sich die Schneewechten und Eisabbrüche der Grande Barrière mit dem Tilicho Peak (7134 m).
Vom High Camp auf 5240 Metern sind es einige Stunden lästiger Blockkletterei bis zum Pass Mesokanto La. Danach geht es 2300 Höhenmeter nach Jomosom hinab. Bei der Variante über diesen Pass und den Tilicho Lake vermeidet man den Thorung La, der üblicherweise bei der Annapurna-Runde begangen wird. Die Variante über den Mesokanto La ist allerdings anspruchsvoller und bisher nur als Zeltttrekking möglich.
Am 5415 Meter hohen Thorung La ereignete sich am 14. Oktober 2014 durch einen unvermutet einfallenden Blizzard, der unglaubliche Schneemengen zu Beginn der Trekkingsaison mit sich brachte, ein schweres Unglück, bei dem Dutzende von Touristen und einheimischen Trägern umkamen. Nicht zuletzt diese Tragödie veranlasste die nepalischen Behörden, einen verbesserten meteorologischen Dienst aufzubauen und im Internet abrufbare Wettervorhersagen auch für abgelegene Gebiete zu erstellen.

Zwischen Nilgiri und Khangsar Kang zieht sich die schier unüberwindliche Kette der Grande Barrière.

Auf 4919 Metern Höhe liegt der 4,8 Quadratkilometer große und 85 Meter tiefe Tilicho Lake: in seiner Größe der höchstgelegene See der Welt.

Nächste Doppelseite: Tilicho Peak (7134 m), der Hauptgipfel der Grande Barrière.

Nach dem Dreschen der Gerste erledigen die Frauen das Worfeln: Wieder und wieder lassen sie das Getreide aus flachen Bambuskörben zu Boden rieseln, während der Wind Spelzen und Spreu davonträgt. Lässt der Wind nach, versuchen sie, durch melodiöses Pfeifen neue Windböen anzulocken.

Nächste Doppelseite: Ein kleiner Bach mäandert durch Matten von Zwerg-Rhododendron und abgegrasten Almwiesen.

In Phu scheint die Zeit stehen geblieben zu sein: Die kleine Zitadelle, in der die Bevölkerung in Kriegszeiten Schutz suchen konnte, und die daneben liegende Gompa sind größtenteils zerfallen. Am Burgberg (rechte Seite) stapeln sich die Behausungen dicht übereinander, verbunden durch ein Gewirr kleiner Gassen.

MUSTANG

Lange Zeit unzugänglich, hat das ehemalige kleine Königreich Mustang seine mittelalterlichen Strukturen und die tibetische Kultur unverfälschter erhalten können als viele andere Randgebiete Tibets. Der quadratische Grundriss und die festungsartigen Stadtmauern des Hauptortes Lo Manthang geben Hinweise auf die vielen kriegerischen Auseinandersetzungen, die es in dieser Grenzregion immer gegeben hat. Zahllose Chörten und Mani-Mauern sowie große buddhistische Klosteranlagen mit jahrhundertealten, kunsthistorisch bedeutsamen Wandmalereien zeugen von der tiefen Religiosität der Bevölkerung.

Mustang – der Name allein schon weckt Emotionen. Jahrzehntelang verschlossen und für Touristen nicht zugänglich, blieb dieses früher einmal halbautonome Gebiet am oberen Ende des Kali Gandaki im Westen Nepals für viele nur ein Traumziel. Aus politischen Gründen ließ man keine Besucher einreisen: einerseits mit Rücksicht auf die Chinesen und die heikle Grenze zu Tibet, andererseits mit Rücksicht auf die Amerikaner, die mithilfe der CIA über lange Zeit die Kampas, tibetische Guerillakämpfer, die bis 1974 auch von Mustang aus gegen die Chinesen operierten, taktisch und finanziell unterstützten. Ab 1992 wurde dann eine beschränkte Zahl von Touristen zugelassen, die aber eine hohe Abgabe an die Regierung in Kathmandu zu zahlen hatte.

Sehnsüchtig hatte ich in den ersten Januartagen 1970 von Jomosom aus nach Kagbeni und weiter nach Norden in Richtung Mustang und Tibet geblickt, in diese für uns damals absolut unerreichbare Gegend. Die wenigen Bilder in Toni Hagens Klassiker „Nepal" waren so verlockend, dass ich meine nepalischen Freunde bat, mir unbedingt sofort Bescheid zu geben, sobald es Permits für Mustang gäbe. 2006 ist es dann für mich endlich so weit.

Die Reise nach Mustang beginnt sehr früh am Morgen mit dem atemberaubenden Flug von Pokhara nach Jomosom, zwischen den beiden Achttausenderriesen Annapurna und Dhaulagiri, wo der Kali Gandaki die tiefste Schlucht der Erde gegraben hat. Hier passieren wir den Himalaya-

Chörten, wie hier in Tsarang, sind die tibetische Version des indischen Stupas. Ihre Architektur kann als Symbol für die Stufen auf dem Weg zur Erleuchtung, als dreidimensionales Mandala, als Abbild des Weltenbergs Meru oder als Darstellung der fünf (!) Elemente interpretiert werden. Der untere quadratische Block ist verziert mit den Symboltieren für die vier Himmelsrichtungen (Elefant, Pfau, Schneelöwe, Garuda) oder mit den acht Glück verheißenden Zeichen. Gelegentlich enthalten die Chörten Reliquien oder die Asche religiöser Lehrer.

Hauptkamm. Durch die Monsunausläufer sind die Berghänge bis Jomosom noch teilweise bewaldet, dann aber beginnt das trockene kontinentale Klima der tibetischen Hochebene.

Ab Jomosom gehen wir stundenlang auf der Schotterebene des mäandernden Kali Gandaki dahin, der ständig wehende Sturm, teilweise in Orkanstärke, treibt riesige Staubfahnen vor sich her. Zur Ablenkung suchen wir den Boden nach sogenannten Saligram-Steinen ab: schwarze, runde Steine bis zu Faustgröße, die versteinerte Meeresschnecken enthalten und uns daran erinnern, dass sich hier vor 50 bis 100 Millionen Jahren nicht das höchste Gebirge der Erde befand, sondern das riesige Tethysmeer mit seiner längst verschwundenen Tier- und Pflanzenwelt. Es sind zwar nicht die Prachtammoniten, die man in Jomosom oder Kathmandu kaufen kann, aber wir finden einige kleine Fragmente und freuen uns auch darüber schon sehr. Immer mehr tauchen wir in die Hochgebirgs-Steinwüste ein. Außer vereinzelten Pappeln, die entlang der Bäche gepflanzt werden, gibt es keine Bäume mehr. Landwirtschaft ist nur mehr als Oasenkultur auf Terrassenfeldern mit Bewässerung über teilweise weit hergeführte Kanäle möglich.

Kagbeni, das Tor zu Mustang

Zusätzlich zu unserer Trägermannschaft mit Koch und Führer haben wir noch einige Mulis für die schweren Gepäckstücke. Kurz nach Kagbeni, dem Tor zu Mustang, führt ein steiler Anstieg an den ersten Chörten vorbei hinauf nach Tangbe, einem imposanten Dorf mit abweisender Architektur – seit alters her musste man sich hier vor durchziehenden Räuberbanden schützen. Aber nicht nur feindliche Eindringlinge gilt es abzuwehren, sondern auch die bösen Geister. Dazu werden über den Hauseingängen und an Wegkreuzungen *Dos*, Fadenkreuze mit schönen geometrischen Mustern, als Geisterfallen aufgestellt. Knapp unterhalb des Dorfes stoßen wir auf die erste große Anlage mit Mani-Mauern und Chörten, der tibetischen Entsprechung des Stupas des südlichen Buddhismus. Grob bemalt mit Ocker, Kalkweiß und Schiefergrau und unterbrochen von dem in dieser Gegend typischen Flachdach auf halber Höhe, beeindrucken uns diese mehrere Meter hohen Bauwerke, die sich vor den Eiswänden des Nilgiri abheben. Auf dem quadratischen Sockel prangen Halbreliefs mit der Darstellung eines Pferdes, eines Elefanten, des Vogelmenschen Garuda und eines Schneelöwen, wobei jede Gestalt jeweils in eine andere Himmelsrichtung weist.

Wir legen unsere Tagesetappen entlang des Flusses immer so, dass wir abends in ein Dorf kommen und dort entweder im Innenhof eines Hauses oder auf dem Dach unsere Zelte aufschlagen können. Unsere Träger können in den Häusern schlafen, und wir dürfen die Küche der Hausbesitzer mitbenutzen und haben dadurch Familienanschluss. Diese Art des Trekkings nennt sich Homestay (im Gegensatz zum Lodgetrekking).

Aufgrund der geringen Niederschlagsmenge haben die Häuser im tibetischen Raum Flachdächer, die mit einer Lehmschicht bedeckt sind. Auf diesen Flachdächern wird wie ein Zaun am Dachrand der Holzvorrat für den Winter aufgeschichtet gelagert. Nicht wenige Häuser in den schönen Dörfern, die auf Höhen zwischen 3000 und 3600 Meter liegen, sind jetzt im Herbst bereits verschlossen. Es kommen uns immer wieder Gruppen von Lopa, wie sich die Bewohner von Lo (tibetisch) oder Mustang (nepalisch) nennen, entgegen. Sie ziehen nach Süden, um dem extrem kalten Winter zu entgehen, und suchen sich für die Wintermonate Arbeit in der Gegend von Pokhara oder auch in Indien.

Die längste Mani-Mauer der Welt

Bei Chele überqueren wir den Fluss, der hier oben Mustang Chu (*Chu* = Wasser auf tibetisch) genannt wird, auf einer großen Hängebrücke, steigen steil nach Samar hinauf und bleiben dann auf der Westseite des Flusses. Es sind mehrere Pässe knapp über oder unter 4000 Meter zu überqueren, die aber durch den gemächlichen Anstieg keine großen Probleme bereiten. Je weiter wir nach Norden kommen, umso dramatischer und farbenfroher werden die Felsformationen. Lebhafte Ocker- und Rottöne kontrastieren mit Blau, Grün und Schwarz. Die absolut klare Höhenluft und die schon schräg einfallende Oktobersonne

verleihen der gesamten Landschaft eine unglaubliche Plastizität. Der Sage nach wurde bei Ghemi ein Ungeheuer besiegt und getötet, dessen Blut die Felswände rot färbte und dessen herausgerissene Lunge die blauen Kegel bildete. Aus seinen Därmen entstand die sich meilenweit hinziehende längste Mani-Mauer der Erde.

Während unser Lager aufgerichtet wird, machen wir noch einen Bummel durch den Ort. Von Weitem schon hören wir Hörner, *Rolmos* (tibetische Paarbecken) und Trommeln. Dort muss eine *Puja*, eine religiöse Feier, stattfinden! Wir verlaufen uns immer wieder im Gassengewirr, stehen dann aber plötzlich vor dem Haus, von dessen Dach die Geräusche ausgehen. Eine ganze Reihe von Mönchen sitzt dort oben und betet. Einer von ihnen bemerkt uns, nickt freundlich und bedeutet uns, dass wir doch ruhig zu ihnen nach oben kommen sollen. Sie haben ihre Gebete gerade unterbrochen und stärken sich mit Buttertee. Für uns wird eine Decke auf der gegenüberliegenden Seite des Daches hingelegt. Schnell sind ein paar Tassen zur Hand, und auch wir bekommen aus einer kunstvoll gearbeiteten tibetischen Kupferkanne Buttertee. Die Mönche lassen sich nicht weiter stören und fahren in ihren Gesängen, Gebeten und Zeremonien fort. Vor der malerischen Bergkette sitzen sie in ihren Roben aus rotem Wollstoff und den eigentümlichen Kopfbedeckungen, die an einen Irokesenhaarschnitt erinnern und sie als Anhänger der Rotmützensekte der Nyingma-, Sakya- und Kagyü-Traditionen erkennen lassen. Der Vorbeter öffnet ein Bündel, legt den Seiden- und Baumwollstoff beiseite und streicht behutsam über das geschnitzte Mantra auf dem Brett, das als Buchdeckel dient. Er dreht es um, und die einzelnen ungebundenen Seiten des Kanjur werden sichtbar.

In rhythmischem, monotonem Singsang werden Passagen daraus vorgelesen, unterbrochen von der rituellen Musik als wichtigem Bestandteil der Liturgie. Die kleinen Zimbeln *Ting-Shag* und die Handglocke *Drilbu* mit ihren hohen Tönen stehen

Zwischen Jomosom und Kagbeni erweitert sich das Bett des Kali Gandaki zu einer riesigen Schotterebene, über die beständig ein starker Wind von Norden pfeift und dem Wanderer Staub und Sand entgegenbläst. Im Hintergrund thront der Nilgiri als westlicher Ausläufer der Annapurna-Kette.

MUDRAS, MANTRAS UND DER KANON DER BUDDHISTISCHEN LEHRE

Mudras (symbolische Handstellungen oder Gesten mit jeweils ganz spezieller Bedeutung, siehe Abb. Seite 79) und Mantras (magische Silben, Worte oder Verse) haben sowohl im Hinduismus als auch im Buddhismus höchste Bedeutung in der religiösen Praxis. *Om mani padme hum* oder *om mani peme hung*, wie die Tibeter es aussprechen, ist dabei das bekannteste buddhistische Mantra.

Es wird meist mit „O du Juwel in der Lotusblüte" übersetzt und dient zur Anrufung von Avalokiteshvara (tibetisch: Chenresig), dem Bodhisattva des allumfassenden Mitgefühls. Allgegenwärtig ist im tibetisch beeinflussten Kulturkreis der Schriftzug mit diesen mystischen Silben.

Um das Universum mit dieser heilbringenden Gebetsformel zu füllen, erfanden die Tibeter Gebetsmühlen und Gebetsfahnen. Der Einzug der Mechanik in die Mystik! Mit jeder Umdrehung der mit der Hand geschwungenen kupfernen Zylinder, in denen sich unzählige Papierstreifen mit Hunderten von Gebeten befinden, vervielfacht sich die Anrufung der Götter. Am Eingang jeder Gompa findet sich eine mindestens mannshohe Gebetsmühle, die von Gläubigen und Pilgern in Schwung gehalten wird und meist mit einem Glöckchen versehen ist, um die einzelnen Umdrehungen zu zählen. Häufig sieht man auch am Wegrand, an kleinen Bächen, geschützt von einer kleinen Kapelle, wassergetriebene Gebetsmühlen, die dem Stifter und Errichter das Beten abnehmen. An blanken Felswänden oder auf mächtigen, in der Landschaft stehenden Findlingen entdeckt man dieses glückbringende Mantra, gelegentlich prangt jeder der fünf Buchstaben meterhoch in seiner eigenen Farbe.

Auf eigenen Mani-Mauern, die meist am Eingang und Ausgang der Dörfer entlang

der Wege aufgerichtet sind, wird es auf Tausenden von flachen Steinen und Schieferplatten verschiedenster Größen präsentiert. Diese Mani-Mauern sind teilweise zusätzlich in minutiöser Steinmetzarbeit mit Abbildungen der verschiedenen Buddhas, Bodhisattvas und anderer Gottheiten verziert. Sich ihrer Sündhaftigkeit und Unzulänglichkeit bewusste Gläubige bezahlen für die Errichtung und künstlerische Ausgestaltung dieser allgegenwärtigen Andachtsstellen. Besonders an Passübergängen, Brücken und in der Nähe von Klöstern findet man die *Lungta* (Windpferd) genannten Gebetsfahnen. Mit jedem Windhauch werden erneut die aufgedruckten Gebete in die Welt getragen, die sie mit positivem Karma erfüllen sollen.

Kanjur und Tanjur

Der tibetisch-buddhistische Kanon Kanjur („die Übersetzung der Worte Buddhas") ist eine Sammlung von heiligen Texten mit 108 (= heilige Zahl) Bänden, deren älteste Teile wohl im 7. Jahrhundert ins Tibetische übersetzt wurden. Die 225 Bände des Tanjur oder Tengyur („Übersetzung der Lehren") umfassen die Interpretationen und Kommentare indischer Lehrmeister und tantrische Texte. Üblicherweise finden sich in jeder Gompa oder anderen Gebetshallen rechts und links des Hauptaltars Regale mit diesen Schriften: lose Blätter, die zwischen zwei, teils kunstvoll verzierten Brettern und in Baumwolle oder Seidentücher eingeschlagen verwahrt werden. Alte Exemplare sind in der dekorativen tibetischen Schrift mit Hand geschrieben, spätere Ausgaben in Holzblockdrucktechnik angefertigt. Große tibetische Klöster hatten eigene Werkstätten, um die hölzernen Druckstöcke zu schnitzen und die Buchseiten einzeln zu drucken.

im Gegensatz zu den tief dröhnenden *Dung-Chen*, dem Alphorn ähnlichen, drei Meter langen Kupferhörnern, und den anderen Instrumenten. Da wir keine Übersetzer haben, bleibt es für uns unklar, ob es sich bei dieser Liturgie um einen Erntedank, ein Totenritual, eine Liturgie zur Besänftigung der Geister und Götter oder lediglich um Gebete zur Vermehrung des guten Karmas, für eine bessere Wiedergeburt, handelt. Stundenlang könnten wir noch in die Gesichter der Mönche sehen, die zerfurcht sind wie die gelb-braunen Abhänge der Berge im Hintergrund, aber die Sonne ist inzwischen untergegangen, das Ritual geht zu Ende. Augenblicklich ist es auf fast 3800 Metern so bitterkalt, dass wir uns rasch verabschieden, über die schmale Einbaumtreppe hinabsteigen und uns auf einen heißen Tee und die Suppe in unserer Lodge freuen.

Über Tsarang nach Lo Manthang

Die nächste Etappe bringt uns nach Tsarang, dem zweitgrößten Ort von Mustang, mit seiner alten königlichen Residenz Samdrub Gephel, die leider völlig zerfallen ist, aber noch eine Ahnung früherer Macht vermittelt. Der einstmals reiche Ort wird von der großen Klosteranlage Thubten Shedrup Dargyeling beherrscht, in der früher bis zu 1000 (oder ist das einfach eine andere Bezeichnung für „viele"?) Mönche gelebt haben sollen. Sämtliche Außenmauern des weitläufigen Komplexes sind mit breiten senkrechten Streifen in den Farben Rot, Weiß und Grau bemalt, eine Eigenheit der Sakralbauten in Mustang. Leider können wir die Anlage nur von außen bestaunen, weit und breit ist kein Lama zu sehen, selbst der *Goyer*, der Verwalter des Schlüssels, ist nicht aufzutreiben. Er arbeitet wohl auf einem Feld, weitab von der Ortschaft, wie alle anderen Dorfbewohner auch.
Üblicherweise wurde der älteste Sohn des Königs von Mustang als Abt dieses bedeutenden Klosters inthronisiert. Der letzte in dieser Stellung, ein Bruder des letzten Königs, fühlte sich aber nicht zur Kontemplation berufen, er verliebte sich in eine Frau, legte seine Robe ab und heiratete. So musste er von seinem geistlichen Amt zurücktreten und lebt seither in Kathmandu. Derzeit gibt es hier keinen Abt und kein monastisches Leben mehr. Es ist schon später Nachmittag, als wir vom Pass aus das erste Mal auf Lo Manthang, die „Hauptstadt" von Mustang, hinabschauen. Ihr fast quadratischer Grundriss wird von einer mächtigen mittelalterlichen Stadtmauer umfasst, die auf den Gründer des Reiches zurückgeht. Außer einigen wenigen neueren Gebäuden, die außerhalb dieser Stadtmauer gelegen sind, befinden sich sämtliche Wohnhäuser, die Tempel und der Palast im alten Areal. Vier riesige Holztore sind die einzigen Zugangsmöglichkeiten für die etwa 900 Einwohner, sie werden immer noch am Abend geschlossen. Seit alters her musste man sich hier vor Dieben, Plünderern und feindlichen Heeren, aber auch vor wilden Tieren schützen.
Vorbei an einer Reihe verwitterter Chörten legen wir die letzten Meter bis zur Stadtmauer zurück. Eine übermannshohe Gebetsmühle wird von zwei alten Männern in Schwung gebracht – die kleine Glocke meldet jede Umdrehung, vermischt mit dem *om-mani-peme-hung*-Murmeln der Alten. Dazwischen die Rufe eines Jungen, der seine kleine Eselskarawane, voll beladen mit Steinen und Erde, aus der Stadt heraustreibt. Einige alte Frauen mit wettergegerbten Gesichtern sitzen im Toreingang, beobachten die Passanten, halten ein Schwätzchen und spinnen nebenbei mit Handspindeln grobe Schafwolle. Das Kläffen der großen tibetischen Mastiffs, die, angehängt an schwere Ketten, die späten Eindringlinge vertreiben sollen, erschreckt uns ein wenig. Wir fühlen uns weit in eine völlig andere Zeit zurückversetzt.
Durch enge Gassen, begrenzt von den abweisenden, meist fensterlosen Außenmauern der Anwesen, finden wir den mit großen Steinplatten belegten Weg zum Palast des Königs. Direkt gegenüber, im Haus der Schwester des Königs, dürfen wir Quartier beziehen. Um genauer zu sein: nicht im, sondern auf dem Haus. Wir schlagen unsere Zelte auf dem großen Flachdach auf und haben so einen fantastischen Überblick über das Leben und Treiben in der kleinen Stadt. Das großzügig angelegte Anwesen wirkt wie eine Mischung aus landwirtschaftlichem Gut, Karawanserei und großbürgerlichem Handelskontor. Es herrscht ein ständiges Kommen und Gehen, irgendwo wird immer gekocht, gegessen, gehandelt oder gebetet.

DAS EHEMALIGE KÖNIGREICH MUSTANG

Das Königreich Mustang oder *Lo* (= „Süden"), wie es auf tibetisch heißt, wurde 1380 von König Ame Pal gegründet und konnte seine Unabhängigkeit geschickt über viele Jahrhunderte erhalten. Ende des 18. Jahrhunderts wurde Mustang von einem nepalischen Fürsten erobert, dem es zwar tributpflichtig wurde, dennoch konnte der König von Mustang nach wie vor unabhängig agieren. Diesen autonomen Status behielt das Herrscherhaus bis 2008. Mit der Abschaffung der Monarchie in Nepal verlor aber auch der letzte Raja von Mustang (Gyalpo Jigme Dorje Palbar Bista) seinen Titel und die offiziellen Rechte. Er war zuletzt gesundheitlich sehr angeschlagen und lebte deshalb meistens in Kathmandu, wo er im Dezember 2016 verstarb.

Mustang ist uraltes Siedlungsgebiet. Die Sandsteinformationen boten ideale Bedingungen, große Höhlensysteme und dadurch geschützte Siedlungen anzulegen. Bereits 1000 vor unserer Zeitrechnung lebten hier Ackerbauern und Hirten. Seit alters her spielte der Salzhandel zwischen Tibet und Indien eine wichtige Rolle. Entlang des Kali Gandaki war fast ganzjährig ein Warenaustausch möglich, ohne durch Schnee und Eis wesentlich behindert zu sein. Der Herrscher von Mustang kontrollierte diese Handelsroute und hatte dementsprechend Einnahmen durch Abgaben und Zölle. Zahlreiche Kunstschätze aus der Frühzeit des Buddhismus beweisen die Wichtigkeit dieses uralten Handelsweges. Die bedeutendsten sind die aus dem 15. Jahrhundert stammenden Wandmalereien sowie eine Reihe riesiger Mandalas im Jampa Lhakhang, einem Tempel aus dem frühen 15. Jahrhundert.

Die etwas später entstandene rote Thubchen Gompa, eine riesige Gebetshalle, ist komplett ausgeschmückt mit Wandmalereien im tibetisch-newarischen Stil, die den Malereien in den großartigen Tempeln von Westtibet, in Guge, Tabo oder Alchi, sicher ebenbürtig sind. Leider sind diese Kunstschätze über lange Zeit durch Risse und andere Schäden in den Dachkonstruktionen dem Regen ausgesetzt gewesen und teilweise schwer beschädigt. Erst in letzter Zeit wurden von Fachleuten große Anstrengungen unternommen, die Gompa zu restaurieren und weitere Schäden zu verhindern.

Seit einigen Jahren gibt es Bemühungen, Lo Manthang in die Reihe des UNESCO-Weltkulturerbes aufzunehmen. Aus kunsthistorischer und ethnographischer Sicht wäre das unbedingt wünschenswert. Es gibt aber auch Widerstand aus der lokalen Bevölkerung.

Kalkweiß, Ocker und Schiefergrau sind dominante Mineralfarben, die in ganz Mustang Verwendung finden. Wohnhäuser werden üblicherweise nur gekalkt, während die anderen Pigmente Sakralbauten wie hier den Chörten von Tengge (Tangye) vorbehalten sind.

Der monumentale Block des 1395 errichteten Klosters von Tsarang mit der größten Bibliothek Mustangs besticht durch seine Bemalung in breiten Streifen. Früher lebten hier Dutzende von Mönchen – inzwischen ist die Kultstätte weitgehend verwaist.

Die Klosteranlage von Luri

Um möglichst viel von Mustang zu sehen, beschließen wir, nicht auf demselben Weg nach Jomosom zurückzugehen, sondern bei Dhi den Mustang Chu zu überqueren und dann auf der Ostseite nach Kagbeni zu trekken. Zunächst führt uns aber noch ein Abstecher in das Tal des Puyon Khola: zum Dorf Yara und zum weiter taleinwärts in einer fantastischen Mondlandschaft gelegenen Kloster Luri mit seinen Felsentempeln. 100 Meter und höher sind diese teilweise senkrecht abfallenden Sandstein- und Konglomeratformationen, in die frühe Bewohner, vermutlich aus Angst vor Räuberbanden, ihre Wohn- und Kultstätten gemeißelt haben.

Es gibt sicher nur wenige Orte, die eine ähnlich mystische Ausstrahlung haben wie das rote Felsennest von Luri. Wie riesige Orgelpfeifen erheben sich die ausgewaschenen Sandsteinzacken hinter dem kleinen Kloster. Hier und da sieht man heute unzugängliche Reste von Höhlenwohnungen und von kleinen Einsiedeleien. Über einen schmalen, ausgewaschenen Pfad und eine windige Holzkonstruktion erreicht man schließlich die wie ein Adlerhorst auf einen Felszacken gebaute Luri Gompa. Von hier geht es über weitere schmale Gänge zu einer großen, runden Grotte, in deren Mitte der glockenförmige Chörten von Luri steht. Die Wände sind mit kunsthistorisch bedeutenden Malereien aus dem 13. oder 14. Jahrhundert bemalt. Das Deckengemälde bildet eine riesige Mandala.

Nach dem vegetationslosen Talende bei Luri ist die landwirtschaftliche Oase von Yara geradezu eine Augenweide, aber schon am nächsten Tag geht es über eine absolut trockene Schotterebene weiter nach Tangya. Von hier zweigt sowohl der Weg über den Pass Mustang La (5529 m) nach Naar und Manang ab als auch die nördliche Route über den Teri La (5595 m) nach Phugaon und weiter nach Manang. Sechs große Chörten und

eine zweireihige Mani-Mauer empfangen uns im letzten goldenen Licht und zeichnen sich scharf gegen die schon im Schatten liegenden Bergwände ab.

Auch hier hat die Erosion über Jahrtausende ein unglaubliches Schauspiel an Formen und Farben geschaffen, an dem wir uns kaum satt sehen können. Wieder dürfen wir auf einem flachen Dach im Dorf unser Zelt aufschlagen und können von hier aus das geschäftige Treiben der Einwohner beobachten: eine Gruppe strickender und spinnender Frauen, die noch die letzten wärmenden Sonnenstrahlen zum Austausch der Neuigkeiten nutzt, kleine Kinder, die völlig verdreckt und mit laufenden Rotznasen mit Stöcken, Steinen, Wasser und einer Blechdose glücklich spielen, und Männer, die von der Feldarbeit nach Hause zurückkehren. Sie tragen ein kräftig rot gefärbtes Band in ihren langen schwarzen Haaren, die, traditionell zu einem Zopf geflochten, um den Kopf geschlungen werden.

Auch der nächste Tag mit seinem Abstieg nach Chuksang bringt uns wieder ein Feuerwerk an Farben. Die Erosion hat hier die verschiedenen Ablagerungen und Schichten des einstigen Meeresbodens freigelegt und eine unvorstellbare Märchenwelt aus dem weichen Gestein geformt. Über Tetang mit seinen stattlichen Häusern und den großen Terrassenfeldern führt uns der Weg ein letztes Mal steil bergan nach Muktinath, dem alten Pilgerort, der nicht nur den buddhistischen Tibetern, sondern auch den Hindus aus Nepal und Indien heilig ist. Die Hindus waschen sich an der heiligen Quelle, während die Buddhisten besonders die ewige Flamme verehren, die über einem Erdloch züngelt, dem Gas entströmt. Hier sind wir mit einem Schlag wieder im 21. Jahrhundert: Wir treffen auf den großen Annapurna Circuit mit seinen vielen Touristen und der entsprechenden Infrastruktur. Nach den zwei Wochen, die wir fast wie im Mittelalter verbracht haben, ein regelrechter Kulturschock.

Außerhalb der Stadtmauern von Lo Manthang: Aufziehende Wolken über dem weiten tibetischen Himmel künden Regen an.

Nächste Doppelseite: das abgelegene Kloster von Luri.

In den Steilwänden der relativ weichen Sandsteinformationen von Mustang fanden früheste Bewohner Gelegenheit, ausgedehnte Höhlenwohnungen zu schaffen.

Rechte Seite: Die Himalaya-Hauptkette (in der Ferne ist noch der Nilgiri zu erkennen) hält den Großteil der von Süden heraufziehenden regenbeladenen Wolken ab und lässt in Mustang nur noch Oasenkultur mit gezielter Bewässerung zu.

Oberhalb von Chuksang (Chuk) scheinen sich die Dämonen der Erdgeschichte in einer Orgie von Ocker ausgetobt zu haben. Sedimente des Tethysmeeres wurden hier über Jahrmillionen abgelagert.

Archaisch wirken die in ihrer Schlichtheit beeindruckenden Chörten vor dem Dorf Tengge.

Mönche der Rotmützensekte halten eine Puja ab. Über Stunden werden in monotonem Singsang heilige Texte aus dem Kanjur oder Tanjur gelesen, unterbrochen von Gebeten und den Klängen der rituellen Musik.

4560
Kora La
4840
Siyaba La
Panglamo
5190
Ghoktang
Panlham
Gamaar
Tak Khola Camp
Chhatang La
5666
Mansail
6235
Nyamdo
Sam Dzong
GHARPU
Chumjung
Dhuk
Chhumuja
MUSTANG HIMAL
Kimaling
Thinggar
Namgyal
LO MONTHANG
Mustang Himal
6187
Pangga
5447
Parcheka La
Kekyap La
Marang La
4230
Sungda Chorten
Gaugiri B.C.
Gaugiri
6110
Dhi
Yara
Luri (Cave) Gumba
Arniko Chuli
6034
Ghar Gumba
Marang
Surkhang
Ghunda
Thanti
Batsyak
Camp
TSARANG
Dhakmar
Dhegaon
Damodar Kund
Thati
Ghemi
Saribung B.C.
Tengge
Ratna Chuli
7035
Bhrikuti Sail
6364
Lagu La
Ghemi La
5694
Nyi La
4010
Chhunggar
Geling
Paha
SYANBOCHE
ANNAPURNA CONSERVATION AREA
DAMODAR HIMAL
6328
Saribung
PERI HIMAL
Lajin La
4998
Bhena
Ranchung Cave
Samar
Nagoru
Himlung
7126
Jomsom Himal
6364
Chele
Tetang
CHHUSANG
Phu
Yakwa Kang
6482
Teri La
5529
Dharmasala
4460
Ghalden Ghuldun
Khola Camp
4247
Santa
3777
Bhima Lojun La
4460
Tangbe
Larkye La
5135
Mahendra Pul
4077
Gyu La
MUKTINATH
3760
Thorung La
5415
Jungben La
5550
Jhong
Kyang
Ponkar Tal
BIMTANG
3590
MANASALU HIMAL
Ranipauwa
Thorung Phedi
4450
Kagbeni
Jharkot
Chulu (West)
6419
Junam Goth
Thorung Peak
6201
Chulu (East)
6429
Hampuk
Phalla
Ekle Bhatti
Kang La
5322
Naar
Yak Kharka
4050
Singenge
Yak Kharka
JOMSOM
Pisang Peak
6092
Kangaru Himal
6981
Kharche
Manaslu
8163
Dhampus Peak
6035
Braga Gumba
500yrs. Old
MANANG
3540
Ngawal
Thinigaon
Ghyaru
Goa
2515
Tripple Pass
4500
Nadi Chuli
(Peak 29)
7871
MARPHA
High Camp
Kaisang
Tilicho Base
Camp
Khangsar
Braga
HUMDE
Upper Pisang
2300
Dharmasala
Alu Bari
Mesokanto La
5121
Tilicho
Tal
Lower
Pisang
Bhratang
Thonje
1965
French Pass
5360
Tilicho Peak
7134
DHARAPANI
Dona Tal
Nilgiri North
7061
CHAME
Koto
Timang
Karte
Tukuche
Annapurna III
7555
Nilgiri Central
6940
Annapurna II
7973
Khobang
Nilgiri South
6893
North Annapurna B.C.
Larjung
ANNAPURNA HIMAL
Marsyangdi Nadi
Dhaulagiri I
8167
Annapurna I
8091
Lamjung Himal
6983
Tal
Kunjo
Chyamche
Thakkholagaon
Chhyo
4310
Thulobugin La
Syange
Jagat
Kalapani
Italian B.C.
Lete
GHASA
Machhapuchhare B.C.
Ghermu
Annapurna B.C.
Machhapuchhare
6997
Jirbang
6062
Annapurna South
7219
Chhapagaon
Kopchepani
Bahundanda
Kabre
Mardi Himal
5553
Hinku Cave
Dana
Gadpar
Mardi Himal B.C.
Bhulbhule
Guithe
Dobhan
Ghanpokharka
Narchyang
Taranche
Khayer Barah Temple
Kudighar
Tapren
TATOPANI
Bhujung
Khudi
Bulbhule
Chhomrong
Ramche
Korchon
SIKLES
Ghara
Raghu
Purano
Duwar
Khopra
Danda
Ghalegaon
Kimrong
Karuwa
parche
Tangting
Malkwang
Tiplyang
Chitre
New Bridge
Saiti
Ghatta
Sardkhola
Ghalekharka
Bagum
BESISAHAR
Pasagaon
Landruk
Chiti
Khadarjung
Bhoje
DHAMPUS Hemja
Tokla
Odane
Hill
Taprang
Chansu
Mijuredanda
Maling
Gaunshahar
Phaliya Sagu
Pothana
Purunchaur
Armala
Yangakot
Gilunng
Karapu
Sindure
Bhote Odar
Mahendra
Cave
Kahun
Danda
Bachowk
Bangre
Chandeshwor
Lumle
Phedi
Kalika
Parewadanda
Jhobang
Naudanda
Sarangkot
Isaneshwar
Kunchha
Bhadaure
POKHARA
Phewa Tal
Begnas Tal
Sisuwa
Thumki
Bhorletar
Bayapani
Deurali
Rupa Tal
Suryapal
Prithvi Rajmarg
Siddha
Champani
Rupakot
Deurali
Arukharka
Nirmal
Pokhari
Kritinachne
Chaur
Khudi
Amreni
Kalesti Bajar
Gajaude
Madi Khola
Seti Nadi
Taksar
Khairenitar
Kyamin
Archalcha
Bharatpokhari
Shymgha
Majhaswara
Thapathana
Panchamul
Dulegaunda
Nepaltar
Bagh Bhanjyang
Barbhanj
Makhagaon
Rayadanda
Kusmishera
Naudanda
Ramche
Bel Bhar
TIBET/CHINA
NEPAL
Himalaya
INDIEN
Simikot
Jumla
Jomsom
Dhaulagiri
8167 m
8091 m
Annapurna
Manaslu
8163 m
Mount
Everest
8848 m
Makalu
8463 m
8598 m
Kathmandu
Lukla
Kanchenjunga
0 50 100 km
N
Great Himalaya Trail
Cultural Trail

TREKKING ANNAPURNA UND MUSTANG

GHT

Der GHT quert das Tal des Kali Gandaki bei Kagbeni und verläuft bei Phalak gleich weiter Richtung Dolpo. Als Variante bietet sich hier noch Mustang an, obwohl auch dort teilweise Jeep- und Lkw-Verkehr möglich ist. Mustang ist das einzige Gebiet, das wegen geringer Niederschlagsmengen auch im Sommer gut besucht werden kann, und es hat mit seiner tibetischen Kultur und seinen jahrhundertealten, mittlerweile gut restaurierten Tempelanlagen Einzigartiges zu bieten. Auch die aride Landschaft mit ihren Sandsteinstrukturen und vielfarbigen Sedimentgesteinen, die mit der intensiven Bewirtschaftung der Oasen reizvoll kontrastiert, ist ein außerordentliches Erlebnis.
Dauer: 7 Tage für GHT-Teilstrecke Dharapani, Manang über Thorung La bis Kagbeni

Annapurna Circuit

Der Annapurna Circuit war jahrzehntelang neben dem Trekk ins Everest Basecamp die beliebteste Trekkingroute Nepals. Durch den Straßenbau bis Chame und zuletzt auch teilweise bis Manang hat er einiges von seiner Attraktivität verloren. Wenn man sich die Mühe macht, kann man aber überall auf Nebenwege ausweichen und die unglaubliche Landschaft trotzdem voll genießen. Als Varianten bieten sich die Schleife über Naar und Phugaon (ca. 8–10 Tage) mit dem Pass Kangla (5322 m) sowie der Abstieg nach Jomosom über den Tilicho Lake und Mesokanto La (5099 m) an. Beides ist bisher allerdings nur als Zelttrekking möglich, während die übliche Runde als komfortables Lodgetrekking durchgeführt werden kann.
Schwierigkeit: mittel, lediglich die Passüberschreitung des Thorung La ist wegen der Höhe (5415 m) gefürchtet.
Höchster Punkt:: Thorung La (5416 m)
Übernachtung: komfortables Lodgetrekking
Start: Besisahar (Bus)
Ziel: Kagbeni/Jomosom (Bus oder Flugzeug)
Dauer: mindestens zwei Wochen
Reisezeit: Oktober/November und April/Mai

Upper Mustang Trekk

Ab Jomosom durch das obere Kali-Gandaki-Tal über die vollkommen tibetisch anmutenden Dörfer auf der Westseite bis nach Lo Manthang. Nicht überall, aber doch auf weiten Strecken, kann man der neu gebauten Verbindungsstraße ausweichen. Für den Rückweg bietet sich die dünner besiedelte östliche Talseite an, dort gibt es aber kaum Lodges.
Schwierigkeit: gering
Höchster Punkt: Paha (4218 m)
Übernachtung: Während in den Orten entlang des Mustang Khola neben Zelttrekking auch Homestay bzw. Lodgetrekking möglich ist, können die Verbindungswege über Damodar oder Teri La (5595 m) nach Naar nur als Zelttrekking durchgeführt werden.
Start und Ziel: Jomosom (per Inlandsflug oder Jeep zu erreichen)
Dauer: 12 bis 14 Tage
Reisezeit: ganzjährig möglich, im Winter sehr kalt! Im Monsun unsichere Flugverbindung Pokhara – Jomosom

Die Annapurna-Umrundung ist nach wie vor landschaftlich eine der spektakulärsten Trekkingrouten in Nepal, besonders wenn man sich nicht auf den Hauptweg beschränkt, sondern den einen oder anderen Umweg in Kauf nimmt (v. l. n. r.): hoch über dem Marsyangdi-Tal mit Ausblick auf die Manaslu-Ausläufer; Brücke über den Phu Khola; Grande Barrière am Tilicho Lake.

DOLPO

Das bereits nördlich des Himalaya-Hauptkammes gelegene und am schwierigsten zu erreichende Gebiet Nepals hat sich seit jeher mehr nach Tibet orientiert, zu dessen Kulturkreis die Bevölkerung gehört, als nach Nepal, an das es im 18. Jahrhundert im Rahmen der Eroberungszüge des Gurkha-Königs Prithvi Narayan fiel. Die Steuereintreiber aus Kathmandu kamen über die einzig möglichen Zugänge – Pässe über 5000 Meter Höhe – einmal im Jahr vorbei, ansonsten war das Gebiet sich selbst überlassen. Durch diese Abgeschiedenheit wurde ein Stück der alten tibetischen Lebensweise ursprünglicher erhalten als im Mutterland selbst.

Eric Valli hat mich verführt. Als ich zum ersten Mal sein unglaublich schönes Buch „Aufbruch am Ende der Welt. Die abenteuerliche Reise der Salz-Karawanen im Himalaya" in der Hand hatte, war mir sofort klar, dass ich versuchen musste, ins Dolpo zu kommen, bevor auch dort der Fortschritt Althergebrachtes zerstört. Inzwischen war es möglich, mit einem speziellen Permit ins Dolpo zu reisen, das zusätzlich zu den normalen Trekkingkosten für jeden Tag, den man dort verbringen wollte, damals 70 Dollar kostete (heute sind es 50 Euro). So wurde die Zahl der Besucher klein gehalten, aber die eingegangenen Devisen sind sicher irgendwo in Kathmandu versickert und kamen kaum dieser Region zugute. Schon die Anreise ist lang und umständlich: zunächst der zweistündige Flug von Kathmandu nach Nepalgunj im südlichen Terai, eine drückend heiße Kleinstadt nahe der indischen Grenze. Eine obligate Übernachtung, da der Weiterflug nach Juphal immer nur am frühen Morgen stattfinden kann, und das, da es ein Sichtflug ist, auch nur bei gutem Wetter und geringem Wind.

Von Juphal geht es zu Fuß weiter über Dunai entlang des Suli Gad River durch eine verwunschene Landschaft mit Wäldern von riesigen wilden Walnussbäumen, bevor die Zone der Himalayatannen, Zedern und dann der Birken beginnt. Der letzte steile Aufstieg nach Ringmo, das auf 3540 Metern liegt, erinnert uns daran, dass wir erst ein paar Tage unterwegs und noch nicht wirklich akklimatisiert sind. Hinter der letzten

Trotz der Einschränkungen durch die chinesischen Behörden ziehen die Dolpo-pa nach wie vor als Händler mit ihren Yak-Karawanen ins benachbarte Tibet. Ohne diesen Handel wäre eine dauerhafte Besiedlung dieses kargen Landes kaum möglich.

Kuppe liegt der malerische Ort direkt am Ufer des türkis-blauen Phoksundo-Sees, dessen Ufer jetzt im Herbst umrahmt ist von leuchtend gelb verfärbten Birken.

Auf den Feldern der Umgebung ist die Ernte schon in vollem Gange. Hier oben gedeihen außer Kartoffeln nur noch Buchweizen und Gerste. Während des schneereichen Winters zieht der Großteil der Bewohner von Ringmo weiter nach Süden in ein zu Ringmo gehörendes Winterdorf. Manche Bewohner gehen sogar bis nach Jumla oder in die Gegend von Pokhara. Jetzt aber ist noch überall große Geschäftigkeit, alle Hände werden gebraucht, um die großen Gerstenbündel von den teilweise weit entlegenen Feldern in das Dorf und zu den Dreschplätzen zu tragen. Unweit des Dorfes liegt auf einer kleinen Anhöhe, umgeben von einer Vielzahl von Chörten, das Kloster, das einen etwas verfallenen Eindruck macht und nur noch von einem einzigen Mönch versorgt und verwaltet wird. Er begrüßt uns freundlich, lädt uns in seine ärmliche Behausung ein und zeigt uns bereitwillig den Gebetsraum und die Schätze seiner Gompa. Es ist der erste, aber bei Weitem nicht der letzte Tag, an dem wir sagen: „Dieser Tag ist uns die 70 Dollar wert."

Der nächste Tag führt zunächst mehrere Stunden am angeblich 145 Meter tiefen und 4,8 Kilometer langen Phoksundo-See entlang, zum großen Teil auf einem schmalen, aus dem Fels herausgeschlagenen Weg, für den man zwar nicht absolut schwindelfrei sein muss, aber doch hofft, nicht gerade einer voll beladenen Yak-Karawane zu begegnen. Die grandiose Landschaft nimmt uns gefangen, jeder einzelne Schritt ist ein Erlebnis. Am Ende des Tages erreichen wir ein „Silberbirkenwäldchen", wo wir unsere Zelte aufschlagen und sogar noch einige Züge im eiskalten Wasser des Sees schwimmen – das letzte Bad für viele Wochen!

Der Aufstieg zum Nangdala La (in anderen Karten Kang La, 5350 m) ist zäh. Einer unserer Träger bekommt Probleme mit der Höhe. Während ich ihm

Das Kloster von Shey, gegründet im 11. Jahrhundert, ist für Buddhisten und Anhänger des Bön-Glaubens von besonderer Bedeutung.

Linke Seite: Mit 145 Metern ist der Phoksundo-See das tiefste Gewässer in Nepal. Vor mehr als 30.000 Jahren durch einen riesigen Felssturz entstanden, besticht er durch die Intensität seiner je nach Lichtverhältnissen zwischen Türkis- und Aquamarinblau wechselnden Farbe.

eine Injektion und Tabletten verabreiche, kommt ein anderer Träger, der wohl ein Geisterheiler ist, stürzt sich auf ihn, beißt ihn in die Nabelgegend und saugt ihm die bösen Dämonen heraus. Egal wer ihm nun geholfen hat, eine Stunde später sitzt er fröhlich plaudernd mit den anderen am Feuer und am nächsten Morgen fühlt er sich so fit, dass auch er mit uns über den Pass gehen kann. Die Passhöhe ist leicht verschneit, der Steig etwas rutschig. Einige der Träger ziehen sich ihre Schuhe aus, deren Sohlen bereits glatt und abgelaufen sind, und gehen barfuß weiter, weil sie dann mit den Zehen eine bessere Standfestigkeit haben. Weiter unten stoßen wir auf die Überreste eines abgestürzten Ponys – Füchse, Wölfe und Geier haben sich schon gütlich daran getan.

Hier auf der Nordseite gibt es keinerlei Bäume oder Büsche mehr, einzig eine niedrige Strauchvegetation existiert neben den im Herbst nur noch spärlich vorhandenen Gräsern und Kräutern. Dafür zeigen sich fantastische schroffe Fels- und Gesteinsformationen in den verschiedensten Farbtönen, die die Landschaft alles andere als karg und langweilig erscheinen lassen. Die absolut klare Luft und das harte Licht- und Schattenspiel sorgen für dramatische Effekte.

Das Kloster von Shey

Nun liegt das imposante, in einem warmen Rotton gestrichene Kloster von Shey vor uns. Wie viel haben wir schon davon gehört! Leider ist jetzt, im Oktober, die Anlage verwaist, der Abt hat sich zu einer zweijährigen Meditationsperiode in eine Einsiedelei in einem Seitental zurückgezogen, und die übrigen Mönche sind wohl in wärmere Gebiete zum Überwintern verschwunden. Alle zwölf Jahre (zuletzt 2012) findet hier das größte religiöse Fest (Shey Festival) der gesamten Dolpo-Region mit manchmal Tausenden von einheimischen Besuchern statt. Wir aber finden jetzt nur noch eine Familie im Nebengebäude, die im Kloster nach dem Rechten sieht. Während wir dem zehnjährigen Sohn zuschauen, der im Innenhof des Schafstalls einen Husarenritt auf einem Ziegenbock vollführt, kommen zwei junge Männer mit dem typischen langen Zopf, in den ein rotes Band eingeflochten ist, auf ihren kleinen, zähen, jetzt im Passgang laufenden Ponys angeritten. Als Satteldecken benutzen sie wunderschöne tibetische Teppiche. Unser Guide Kalyan begrüßt einen von ihnen, den er schon früher auf einem anderen Trekk kennengelernt hat. Er heißt Chering und lädt uns ein, seine Familie und ihn in Saldang zu besuchen. Vorher wollen wir aber noch einen kleinen Umweg über Bhijer (Phijor) machen.

Hier in Shey, in der Nähe des Klosters, hatten vor vielen Jahren der amerikanische Zoologe George Schaller und Peter Matthiessen den Winter verbracht, Studien an den Blauschafen durchgeführt und vergeblich gehofft, den Schneeleoparden zu sehen, dessen hauptsächliche Jagdbeute Blauschafe sind. Auf diesen Erlebnissen beruht Matthiessens Himalayaklassiker: „Auf der Spur des Schneeleoparden". Bei meinem ersten Trekk in das Dolpo-Gebiet gehörte dieses Buch zum Reisegepäck, und es war besonders spannend, es direkt vor Ort zu lesen.

Hinter Shey windet sich der wenig begangene Pfad auf eine Anhöhe und bleibt die ganze Zeit hoch über dem Tal des Tar Khola. Schon am zweiten Tag haben wir das Glück, eine große Herde mit etwa 30 Blauschafen (nepalisch: *Bharal*, tibetisch: *Naur*) aus der Nähe beobachten zu können. Das Rückenhaar dieser bis ca. 90 Zentimeter Schulterhöhe großen Tiere hat einen leicht braun bis graubläulichen Schimmer, und die gewaltigen, nach außen gerichteten Hörner erinnern ein wenig an Steinböcke, sind allerdings nicht ganz so groß. Aufgrund ihres Verhaltens und jüngster molekularbiologischer Untersuchungen werden sie aber nicht den Schafen zugeordnet, sondern den Ziegen. Daher auch die lateinische Bezeichnung *Pseudovis*. Bereits Schaller beschrieb sie als „Ziegen mit Schafseigenschaften". Zwischen 1500 Metern und bis in die Hochlagen von über 5000 Metern sind diese Tiere im gesamten Himalaya und in Tibet gar nicht so selten anzutreffen. Wir haben sie in den Herbstmonaten öfters auch in der Nähe der Dörfer gut beobachten können. Den Schneeleoparden bekommen allerdings auch wir nicht zu Gesicht.

Neben Yangtsher, dem ältesten Kloster von Dolpo mit seinen zahlreichen Chörten und ewig langen Mani-Mauern, wird gerade ein neuer großer Stu-

MYTHOS SCHNEELEOPARD

Der Schneeleopard (*Panthera uncia*) ist im gesamten Himalaya, im Hindukusch, im Altaigebirge sowie in Teilen der Mongolei verbreitet. Der Gesamtbestand in freier Wildbahn wird auf 5000 bis 6000 Individuen geschätzt. Er findet sich auf der Liste der stark gefährdeten Arten und steht in allen Ländern seines Vorkommens unter Schutz. Trotzdem wird weiterhin gewildert, nicht nur wegen des begehrten Fells, sondern auch wegen der Knochen, die in der chinesischen Medizin Verwendung finden und entsprechend hoch bezahlt werden.

In Ladakh, bei der Zanskar-Durchquerung, trafen wir nach leichtem Schneefall während der Nacht morgens auf ganz frische Spuren, die unser zoologisch versierter Führer eindeutig einem Schneeleoparden-Weibchen mit seinen beiden Jungen zuordnete. In der Hoffnung, wenigstens von der Ferne einen Blick auf die Katzen zu erhaschen, folgten wir über längere Zeit in einer Schlucht diesen Fährten im Schnee. Ich bin sicher, irgendwo oben, geschützt in den Felsabbrüchen und optimal getarnt durch ihre Fellzeichnung, saßen die drei und beobachteten uns, während wir weiterziehen mussten, ohne sie zu sehen. Das rauchgraue Fell mit den unregelmäßigen schwarzen Flecken ergibt eine perfekte Mimikry für die scheuen Tiere. Sie können bei einer Schulterhöhe von 60 Zentimetern bis zu 130 Zentimeter lang werden, hinzu kommt ein etwa ein Meter langer, dicht behaarter Schwanz.

Ein andermal sahen wir Spuren des Schneeleoparden an einem kleinen Tümpel auf über 4000 Metern Höhe in Humla (Westnepal). Die Abdrücke der Pfoten hatten sich in dem weichen Lehmboden gut abgezeichnet und gehalten. Dass wir nur einige Stunden vorher eine große Herde von Blauschafen äsend über die Abhänge ziehen gesehen hatten, ließ uns die Spuren noch leichter zuordnen. Die in felsigen Hochlagen häufig anzutreffenden Blauschafe und auch die unseren Gämsen ähnlichen Himalaya-Tahr sind die häufigsten Beutetiere des geschickten Jägers. Neben diesen Wildtieren fallen dem Schneeleoparden aber auch immer wieder Ziegen und Schafe zum Opfer, was entsprechenden Unmut der betroffenen Bauern und Nomaden hervorruft und infolgedessen auch illegalen Jagdeifer befördert. Nicht wenige Himalaya-Bewohner, deren Herden immer wieder bedroht werden, sähen den Schneeleoparden lieber heute als morgen ausgerottet.

pa errichtet. Kinder bringen in ihren *Dokos,* den Tragekörben aus Bambus, schwere Bachsteine als Baumaterial heran. Im goldenen Abendlicht zeigt sich der ganze stimmungsvolle Reiz der weitläufigen Anlage. Auch die älteren Bewohner der umliegenden Häuser nutzen die Abendstunde und umrunden betend und *om mani peme hung* murmelnd die heiligen Mauern und lassen dabei ihre Gebetsmühlen kreisen. Erst am nächsten Morgen hat der zuständige Mönch Zeit, uns die schweren Türen zu öffnen und die beiden Hallen zu zeigen. In einer steht eine Reihe von acht Chörten, in der nächsten finden sich große Figuren von Bodhisattvas, zusätzlich ist sie mit Wandfresken geschmückt. Leider ist auch hier das Dach undicht und die eindringende Feuchtigkeit verursacht Schäden an den jahrhundertealten Kunstwerken. In Saldang werden wir schon von Chering erwartet. Wir können unsere Zelte neben seinem stattlichen Haus aufstellen. Die Ernte ist hier schon abgeschlossen. Er lässt es sich nicht nehmen, uns zum Abendessen einzuladen. Zur Begrüßung bekommen wir Buttertee *(Suja)* aus nur mäßig sauberen Schalen zu trinken. Dieses Lebenselixier, das alle Tibeter literweise trinken, wird in einem großen Holzzylinder aus heißem Wasser, Brocken von chinesischem grünen Tee, etwas Natron, Salz und ranziger Yakbutter hergestellt, indem man die Flüssigkeit wie in einem Butterfass eine Zeitlang stampft. Uns Westlern hilft es, sich beim Trinken von der Vorstellung „Tee" zu trennen und intensiv an Bouillon oder Brühe zu denken. Danach serviert uns Cherings Frau noch eine schmackhafte Nudelsuppe mit ein paar zähen Brocken Yakfleisch. Dazu gibt es ein dickes gelblich-grünes Fladenbrot aus Buchweizen, das auf einer Eisenplatte auf dem offenen Herdfeuer mitten im Wohnraum frisch zubereitet wird und sehr gut schmeckt. Im Vergleich zu dem sonst üblichen Grundnahrungsmittel *Tsampa*, dem Brei aus geröstetem Gerstenmehl, geradezu ein Festessen. Hier, zu Gast bei Chering, haben wir Gelegenheit, viele Fragen zu stellen und sie uns aus erster Hand beantworten zu lassen.

Uralte Handelsverbindungen mit Tibet

Über Jahrhunderte betrieben die Dolpo-pa, die Bewohner Dolpos, so wie viele andere Bewohner der Himalaya-Grenzgebiete, einen regen Handel mit ihren großen Karawanen, denn was hier angebaut werden kann, reicht nicht zum Überleben in den langen und kalten Wintermonaten. Die Karawanen brachten Salz von Tibet nach Nepal und Nordindien und im Gegenzug Reis und Getreide zurück in den Norden. Der Profit aus diesen Geschäften ermöglichte den Dolpo-pa den Zukauf der Nahrungsmittel, die sie nicht selbst an-

In Shey treffen wir Chering und verabreden, ihn in seinem Haus in Saldang (rechte Seite) zu besuchen.

bauen konnten. Am Höhepunkt der politischen Spannungen und der Auseinandersetzungen um Tibet wurde dieser Handel von chinesischer Seite völlig unterbunden. Inzwischen gibt es wieder einen kleinen Grenzverkehr, und viele Landstriche im nördlichen Nepal versorgen sich zum Teil auf den Märkten jenseits der Grenze. Ein nicht unbedeutender Teil chinesischer Waren sickert auf diese Weise unbemerkt auf den nepalischen Markt – vorbei am nepalischen Zoll.

Cherings Vater war noch regelmäßig gemeinsam mit einer Gruppe von Freunden mit seinen Yaks nach Tibet gezogen, hatte dort immer bei derselben Familie Salz eingekauft, es in die schönen braun-weiß gestreiften Säcke aus Yak- oder Ziegenhaar gefüllt und war damit dann den weiten Weg über den Phoksundo-See bis hinunter in die Gegend von Jumla und Talphi gezogen. Auch dort hatte er über Jahrzehnte immer dieselben Handelspartner, bei denen er für das Salz Getreide eintauschte. Die Waren wurden nicht gewogen, sondern in *Pathi,* einem Hohlmaß von ca. 4,5 Litern, gemessen, ähnlich wie früher bei uns der Weizen mit einem Scheffel. In Tibet bekam er für ein Pathi Getreide zwei Pathi Salz und umgekehrt im Süden für ein Pathi Salz zwei Pathi Getreide.

Solange die Menschen hier denken können, waren die Salzkarawanen und die Tauschwirtschaft neben der Landwirtschaft die ökonomische Grundlage ihres Lebens. Die Familien hatten auch angestammte Weidegründe in Tibet, auf denen sie ihre Yakherden während des Winters grasen lassen konnten. Im Sommer kamen die Tiere auf die Hochalmen im Dolpo. Durch die chinesische Invasion in Tibet wurden diese Verbindungen immer schwieriger und schließlich ganz unterbrochen. Dadurch mussten die Dolpo-pa ihre Yakherden verkleinern und der Verdienst durch den Handel fiel aus. Viele Bewohner verließen die

Saldang präsentiert sich nicht als geschlossenes Dorf, sondern als Weiler mit vielen verschiedenen Einzelgehöften inmitten der jetzt abgeernteten Felder.

Gegend und zogen weiter in den Süden. In den letzten 40 Jahren ließen die Chinesen den kleinen Grenzverkehr mit Tibet – je nach politischer Spannung – mal mehr, mal weniger zu. Die alten Weiderechte wurden allerdings nicht mehr anerkannt. Seit 1984 ist es hin und wieder möglich, Tiere – aber in wesentlich geringerer Stückzahl – nach Tibet zum Überwintern zu bringen.

Auch Chering plant, in zwei Wochen, wenn alle Erntearbeiten abgeschlossen sind, mit anderen Männern aus Saldang und einer großen Zahl von Tragtieren nach Tibet zu ziehen, um dort für den eigenen Bedarf einzukaufen und mit verschiedenen chinesischen Waren sowie Salz ein wenig Handel zu treiben. So reicht es für ihn und seine Familie gerade zum Überleben, und er sieht sich nicht gezwungen, wie sein Bruder als Tagelöhner nach Indien zu gehen.

Zu gerne hätten wir Chering und seine Gefährten zumindest bis an die tibetische Grenze begleitet! Aber wir können nicht warten, unser Zeitplan ist nicht von Ernte, Handel und Jahreszeiten bestimmt, sondern uns sind Urlaubszeiten und Flugdaten vorgegeben. So verabschieden wir uns am nächsten Morgen und werden mit Glückwünschen und weißen *Kata*-Schals auf die Reise geschickt.

Über Khoma und Shimen erreichen wir Tingkyu im hier besonders breiten Panzang-Tal. Unterhalb des Dorfes gibt es eine unendlich lange Mani-Mauer, unterbrochen von einem besonders großen, ungewöhnlich flachen Chörten von ca. 15 Metern Durchmesser. Am Ende der langen Steinmauer sitzt ein alter Steinmetz mit Hammer und Meißel noch bei der Arbeit. Er hat die etwa 30 mal 50 Zentimeter großen Schieferplatten vor sich liegen und graviert in unzähliger Wiederholung *om mani peme hung* und andere Mantras in die Steine. Um sein Karma zu verbessern, hat ihm ein tiefgläubiger Dorfbewohner den Auftrag zu dieser Arbeit erteilt. Zum Abschluss soll er dann noch einen besonders schönen Stein mit dem Abbild von Buddha verzieren.

Das Tarap-Tal ist im Vergleich zu anderen Gegenden im Dolpo bevorzugt. Es gibt größere ebene Flächen und fruchtbarere Boden als in den meis-

Durchschreiten Gläubige Khagan Chörten, werden sie von begleitenden bösen Geistern befreit. Derartige Tor-Chörten stehen meist an Dorfeingängen und sind innen mit einem Mandala als Deckengemälde ausgeschmückt.

Silhouette eines Hauses bei Chharka.

Linkes Bild: „Goldenes Dachl" haben wir diesen für die Frauen im Tarap-Tal typischen Kopfschmuck aus Messingblech genannt. Früher ging keine verheiratete Frau ohne diesen Kopfputz außer Haus, angeblich wurde er auch nachts nicht abgelegt.

ten anderen Gegenden. Die Dörfer sind größer, die Häuser stattlicher. Sie werden häufig von riesigen Kettenhunden, den tibetischen Mastiffs, bewacht, denen man nicht zu nahe kommen sollte! Schafe, Ziegen und Yaks sieht man hier ebenso wie in allen anderen Dörfern, zusätzlich werden noch schnelle und zähe kleine Pferde gezüchtet, die im ganzen Dolpo begehrt sind.

Als wir nach Do kommen, ist die Hauptarbeit der Ernte auch hier bereits vorbei, aber überall sind die Frauen noch damit beschäftigt, die Gerste zu reinigen und zu trocknen. Eine der Frauen fällt uns besonders auf, weil sie noch die alte Kopfbedeckung aus Messingblech trägt, eine Haartracht, die früher in Tarap üblich war. Heute sieht man sie nur noch sehr selten. Eben diese Frau muss ihre Arbeit immer wieder unterbrechen, weil sie sich buchstäblich die Lunge aus dem Leib hustet. Mithilfe von Kalyan kann ich ihr einige Fragen stellen und bekomme schließlich heraus, dass sie an Tuberkulose leidet, deswegen auch schon im Krankenhaus in Dunai war, die dort verordneten Medikamente zwar gekauft, aber nie eingenommen hat, weil sie ihr „zu schade" für sich selbst sind. Ich mache ihr noch einmal eindringlich klar, wie wichtig die korrekte Einnahme der Tabletten für sie wäre. Tuberkulose ist nach wie vor ein ganz großes medizinisches Problem, besonders in den Hochgebirgsgegenden. Zum nächsten Hospital ist man drei oder vier Tage unterwegs, da geht man wegen einer „Lappalie", selbst wenn man Blut hustet, nicht gleich hin!

Tibetische Heilkunde

Der *Amchi*, der Heiler, der eine Ausbildung in tibetischer Medizin und Volksheilkunde hat, wird hier und in vielen anderen tibetisch geprägten Gebieten noch häufig zu Rate gezogen und geschätzt. Ihm steht ein ganzes Arsenal an Heilkräutern zur Verfügung, die häufig mit verschiedenen Mineralstoffen und auch tierischen Bestandteilen gemischt werden. Sogenannte „Juwelen-Pillen" enthalten darüber hinaus Pulver aus Halbedelsteinen oder Edelsteinen. Aderlass, Akupressur, Schröpfen, Massagen, Moxibustion (Verbrennung von Heilkräutern auf der Haut zur Erwärmung von bestimmten Punkten des Körpers) und das Brennen mit glühenden Eisen (Kauterisation) an ganz bestimmten Punkten sind weitere gängige und teils eher schmerzhafte Therapiemaßnahmen.

Wir sind zum Pass in Richtung Chharka weitergegangen und bei Sonnenschein aufgebrochen. Im Laufe des Tages zieht es immer mehr zu, in der Nacht beginnt es zu regnen. Am nächsten Morgen geht der Regen allmählich in Schnee über, es wird nebelig, der Schneefall immer dichter und unser Führer immer unsicherer. Bevor wir uns in dem unbekannten und möglicherweise gefährlichen Gelände verirren, entscheiden wir, an Ort und Stelle zu bleiben, die Zelte aufzustellen und besseres Wetter abzuwarten. Den ganzen Tag ist an einen Aufbruch nicht zu denken. Am nächsten Morgen ist der Himmel strahlend blau und die Landschaft wunderbar verschneit. Der Passübergang ist bald gefunden. Beim Blick zurück können wir erkennen, in welch schwieriges und gefährliches Terrain wir gekommen wären, hätten wir unseren Gang gestern bei den schlechten Sichtverhältnissen fortgesetzt.

Wie mit Puderzucker überstreut, liegt Chharka nun unter uns: ein ganz ungewöhnlicher, teilweise befestigter Ort mit eng beieinanderliegenden Häusern. Mit seiner Lage auf 4350 Metern über dem Meer ist es das höchstgelegene ständig bewohnte Dorf im nepalischen Himalaya. Selbst in dieser Höhe ist durch den Oasenfeldbau und die künstliche Bewässerung mithilfe der Gletscherbäche noch der Anbau von Gerste möglich. Im Dolpo werden zwei Arten von Gerste angebaut, bei der einen Sorte werden die gerösteten Gerstenkörnern zu *Tsampa*-Mehl verarbeitet und aus der zweiten Sorte wird in jedem Haushalt *Chang*, das lokale Bier, hergestellt. Tibeter sehen Bier, ähnlich wie die Bayern, nicht als Genuss-, sondern als flüssiges Nahrungsmittel an.

Nachdem wir unterhalb des Ortes unsere Zelte aufgeschlagen haben, kommen schon bald die Kinder angelaufen, kurz darauf auch einige Erwachsene, und beobachten den Aufbau unseres Lagers genau. Einer von ihnen hat ein völlig geschwollenes und vereitertes Auge und bittet um eine Augensalbe. Eine Frau mit einer verkrusteten Schnittwunde braucht ebenso Hilfe wie ein kleines Kind mit einer Brandwunde am Bein oder die Tochter des ortsansässigen *Amchi*, die an einer schweren Brustentzündung leidet. Die Ursache dafür ist wohl der Dreijährige, der immer noch gestillt wird und mit seinen inzwischen schon scharfen Zähnchen die Brust der Mutter immer wieder verletzt, sodass sich ein Abszess gebildet hat, den der *Amchi* vergeblich mit Umschlägen aus frischem Yakmist zu heilen versuchte.

Sommer- und Winterdorf Santa

Der Weg hinaus ins Kali-Gandaki-Tal führt uns nach einer weiteren Passüberschreitung (Jungben La, 5550 m), vorbei am Hidden Valley, in das Dorf Sangda (auch Sangdak oder Santa), das aus einem Sommer- und einem Winterdorf besteht. In anderen Fällen liegt das Winterdorf 300 bis 500 Meter tiefer, um der Kälte und dem Schnee nicht so ausgesetzt zu sein. Hier befinden sich die beiden Dörfer auf gleicher Höhe, liegen aber auf der jeweils anderen Talseite, getrennt durch eine Schlucht und einen etwa sechs Stunden langen Weg. Das Winterdorf befindet sich auf einem voll der Sonne zugewandten Südhang, das Sommerdorf auf der Schattenseite, die ausreichend Feuchtigkeit während der Sommermonate verspricht. Schon Ende Oktober kommt kaum noch ein Strahl Sonne in den bereits völlig verlassenen Ort. Einige Wochen vorher waren sämtliche Bewohner mit Sack und Pack in das Winterquartier umgezogen. Die Türen sind verschlossen und wurden zusätzlich jeweils mit ein oder zwei frischen Kuhfladen versiegelt. So kann der Hausherr im Frühjahr sofort erkennen, ob sich während seiner Abwesenheit ein ungebetener Gast eingefunden hat.

Von hier sind es nur noch zwei Tagesetappen bis Jomosom – und doch scheinen Welten dazwischen zu liegen. In Jomosom gibt es Coca-Cola, Internet und Telefon, eine warme Dusche und den Flughafen, während es im Upper Dolpo so gut wie keine Verbindung zur Außenwelt gibt. Als Reisender ist man dort nach wie vor auf sich selbst gestellt.

Wie weit entfernt von der Zivilisation wir damals waren, wurde uns erst richtig bewusst, als meine Frau Ina kurz nach unserer Dolpo-Reise zu Hause einen Darmverschluss hatte, der innerhalb von zwölf Stunden einen operativen Eingriff notwendig machte. Aber wir hatten ja Glück, der Notfall passierte erst zu Hause! Vielleicht hatten die *Katas*, die weißen, Glück verheißenden Schals, die uns Chering um den Hals geknotet hatte, als er uns in Saldang eine gute Reise wünschte, so etwas verhindert, und die Götter waren uns gnädig gestimmt.

Karges Land: In der Nähe der Dörfer wird der spärliche Bewuchs der steilen Hänge, denen jegliche Humusschicht fehlt, durch ständige Beweidung rasch zerstört.

Nächste Doppelseite: Hoch beladen mit Gerstenstroh kehren die Yaks von weit entfernt liegenden Feldern nach Nishal bei Yangtsher zurück. Die Leittiere sind mit roten Wolltroddeln markiert.

Betende Steine: Mani-Mauer mit unzähligen Gravuren des Mantras *om mani padme hum*. Die Frau, die bei Yangtsher ihr Pferd nach Hause führt, hat der Mani-Mauer die reine rechte Körperseite zugewandt. Buddhisten umschreiten heilige Stätten im Uhrzeigersinn, während Anhänger des Bön-Glaubens in entgegengesetzter Richtung gehen.

Um ihr Karma zu verbessern, religiöse Verdienste anzuhäufen und so Aussicht auf eine bessere Wiedergeburt zu erreichen, geben gläubige Buddhisten die Herstellung neuer Mani-Steine in Auftrag.

Im Tarap-Tal werden die kleinen, zähen Tibet-Ponys gezüchtet, die den Reiter im typischen, sehr schnellen Passgang auch in unebenem und steilem Gelände rasch weite Distanzen zurücklegen lassen. Als Satteldecken und Auflagen dienen hochflorige tibetische Teppiche.

Nächste Doppelseite: Auf einem kleinen Plateau zwischen Saldang und Shimen liegt der Weiler Khoma. Die Zucht von Schafen und Ziegen sowie bescheidener Ackerbau mit Gerste und Buchweizen ermöglichen den Bewohnern das Überleben.

Einfachste selbst hergestellte Werkzeuge finden in der Landwirtschaft Verwendung. Die Anschaffung vorgefertigter Arbeitsgeräte wäre nicht erschwinglich.

Die auffälligen Chörten von Tiling: Alle drei Ebenen sind quadratisch erbaut, während üblicherweise der mittlere Teil, der das Element Wasser symbolisiert, gewölbt geformt ist.

Nächste Doppelseite: Ein monumentaler Chörten beherrscht bei Tokkyu den Zugang zum Tarap-Tal.

Erstaunt, aber nicht unfreundlich betrachtet die Bäuerin aus ihrer Behausung heraus den Fremdling, der sich für ihre aus einem einzelnen Baumstamm gehackte Treppe interessiert.

Schon früh müssen die Mädchen die Betreuung jüngerer Geschwister übernehmen, während die Mütter auf den oft weit entfernt liegenden Feldern arbeiten.

Der Wächter am Kloster von Shey begrüßt die Besucher und kassiert die Gebühr für das Aufstellen der Zelte.

Wie in vielen Teilen Tibets tragen auch im Dolpo die meisten Männer ihre langen, ungeschnittenen Haare zu einem Zopf gebunden, der zusammen mit knallroten Schnüren um den Kopf gewickelt wird.

Danphesail 6109
Khung La 5411
Meng La 5335
Yanang La 5487
Mai Sundo
GAUTAM HIMAL
Musigaon
Marim La
Mansail 6235
Yanjer Gompa
Nisalgaon
Lurigaon
Shimen
3850
Shimen Gompa
Mendo
Sungjer Gompa
Shimen La 4260
Pu Gompa
Namyal
Phalwa
Tinje
4110
Marang
Khoma
Khoma La 4460
Yambur La 4813
Nengla La 5368
Tolung Gompa
Balun Gompa
Namduthan
Mustang Himal 6187
Pindu La 6583
Bhijer
3850
SALDANG
Dechen Lapran Gompa
Soti
Tora
Sugu
Rapa Gompa
Talun Gompa
Kekyap La
MUSTANG HIMAL
Tata
Namgung
Chagaon
Chhamdang
Sela La 5094
Arniko Chuli 6034
Tsankang Gompa
Darsumana Dhobhan
Shey Gompa
4343
Campsite
Sang La 5584
Nangdala La 5350
Pass Camp
4717
Jyanta La 5220
Ghajyan Sumna
Chhoila La 5051
Ghemi La 5694
Campsite
Numala La (North) 5143
Phoksumdo Khola Camp
3630
Mola La 5030
Sarchhen Gompa
Chharka Bhot
4302
Numala B.C.
4440
Tokyu
Jhyarkoi La 5360
Lajar Sumna
Kanjirowa 6612
Modo
Chharang
Sipte
Phoksumdo Tal 3600
5309
Danigar
4512
Dhoro Gompa
Maran
4350
DHO TARAP
Bagala La 5169
Numala La (South)
3640
Lasa
Pungmo
Ringmo
3995
Temche (Bagala La B.C.)
Chan La 5378
Chap Chu
4320
Amchi Hospital
Chhoitai Tal
Gumba
Sanduwa
Langa
Sebun
Nulungsumda Kharka
4987
Niwas La 5120
Ghalden Ghuldun Khola Camp
4247
Santa
3777
Bhima Lojun 4460
Jungben La 5550
Suli Gad
Rechi
Ghyamghar
Gumjyam
Tarup Khola
Chhepka
Panggang
Nawarpani (Pibuk)
Shyanta
Raktang
Chhyugar
Dhampus Peak 6035
JOMSOM
Tripurakot
Gumba
Liku
Chu
Sulighat
Terangaon
Kokotgaon
Mukutgaon
MARPHA
Motipur
Central Gumba (Dunai)
Laina Odar
Rupgad
Byasgar
Mukut Himal 6639
French Pass 5360
Alu Bari
JUPHAL
DUNAI
Suhun
Palchekhola
Lawan
Lingdo
Laisicap
Dhaulagiri B.C.
Tukuche
Durgaon
Tarakot
Khobang
Glacier Camp
Larjung
Dhaulagiri II 7751
Dhaulagiri I 8167
Taligaon
Churen Himal 7371
French B.C.
Thakkholagaon
Kalapani
Chhyo
Putha Hiunchuli 7246
American B.C.
Italian B.C.
Lete
DHAULAGIRI HIMAL
Tsaurabong Peak 6395
Jirbang 6062
Kabre
Dobhankharka
N NATIONAL PARK
Pilankoskharka
Gurja Khani
Simalkharka
Gurjakhani
Jharmaling
Malkwang
Chimkhola
Thankur
Khorekharka
Mudi
Hamban
Bagarkhola
Hukam
Phaguni
Marang
PHALIYAGAON
TIBET/CHINA
Simikot
Jumla
Jomsom
8167 m Dhaulagiri
8091 m Annapurna
Manaslu 8163 m
Mount Everest 8848 m
Makalu 8463 m
8598 m Kanchenjunga
Kathmandu
Lukla
NEPAL
Himalaya
INDIEN
0 50 100 Km
Great Himalaya Trail
Cultural Trail

TREKKING DOLPO

GHT

Bei Phalak im Tal des Kali Gandaki lässt man für einige Zeit die Zivilisation hinter sich und taucht in das dünn besiedelte, teilweise in mittelalterlichen Strukturen verhaftete Dolpo ein. Zwei Pässe über 5000 Meter führen zunächst nach Chharka, einem befestigten Ort, der an Tibet erinnert. Über Dho Tarap und den Numala La (5309 m) im Lower Dolpo gelangt man bis nach Ringmo am türkisblauen Phoksundo-See. Ab hier wird das teure Permit für Upper Dolpo notwendig. Die nächste Hürde ist der Nangdala La (5350 m), bevor Shey Gompa erreicht wird.
Von hier aus ist es möglich, über Bhijer und dann durch das völlig menschenleere Grenzgebiet zu Tibet über den Nyingma Gyanzen La (5563 m) und weitere Pässe über 5000 Metern zu trekken, bevor man bei Mugu wieder in die Zivilisation zurückkehrt und bis zum Rara-See weitergeht.
Diese Teilstrecke des GHT ist mit Sicherheit am wenigsten begangen und mit dem größten logistischen Aufwand verbunden. Sie kann nur mit ortskundigem Führer und als organisiertes Zelttrekking durchgeführt werden!
Dauer: ca. 30 Tage

Phoksundo-See/Lower Dolpo

Der Schnupperkurs für Tibetsüchtige, die sich die hohen Pässe in das Upper Dolpo nicht zutrauen oder denen die Permit-Gebühren dorthin zu teuer sind. Die unvergleichliche Szenerie am türkisblauen Phoksundo-See ist – besonders im Herbst, wenn sich die Birken goldgelb färben – jeden Aufwand wert! Die Rundtour über das Tarap-Tal ermöglicht einen tiefen Einblick in die tibetische buddhistische Kultur.

Schwierigkeit: mittel
Höchster Punkt: 3600 Meter
Übernachtung: Homestay bzw. Lodgetrekking möglich
Start und Ziel: Juphal (Flug von und bis Nepalgunj)
Dauer: 8 bis 10 Tage
Reisezeit: März bis Mai und September bis November

Upper Dolpo

Als Hochgebirgswüste mit Oasenkultur (Bewässerung durch Gletscherbäche) lässt sich Upper Dolpo kurz beschreiben. Wie in einem Lehrbuch der Geologie zeigen sich, häufig ohne verdeckende Vegetation, vielfarbige Mineralien und erdgeschichtliche Verwerfungen und ergeben ein schillerndes und bunteres Bild als manche tropische Vegetation. Auf dem Weg über Shey nach Saldang zur alten Yangtsher Gompa und zurück über Shimen oder Khoma in das Tarap-Tal erlebt man immer noch Tibet pur.
Schwierigkeit: technisch nicht schwierig, Ausdauer nötig, hohe Pässe! Man ist weit weg von jeglicher Zivilisation.

Höchster Punkt: 5350 Meter
Übernachtung: nur als Zelttrekking möglich
Start und Ziel: Flug über Nepalgunj nach Juphal (und zurück). Statt nach Dunai und Juphal zurückzugehen, kann man von Chharka auch über den 5550 Meter hohen Jungben La nach Sangda (Santa) und weiter über Kagbeni nach Jomosom, um von dort aus per Flug oder Jeep nach Pokhara zu kommen.
Dauer: 3 bis 4 Wochen
Reisezeit: September/Oktober und April/Mai

Am Ende eines Trekks, wenn alle Abenteuer, wie z. B. die Überschreitung des Nangdala La (Mitte), überstanden sind, gibt es zum Abschied beim sogenannten Sherpadinner immer eine Festtagstorte.

MUGU

In den abgeschiedenen Tälern zwischen Simikot und dem Massiv des Kanjiroba finden sich Dörfer an der Schnittstelle zwischen indisch-hinduistischer Kultur und tibetisch-buddhistischer Tradition. Die selbst für nepalische Verhältnisse arme und teilweise rückständige Bevölkerung baut zur Selbstversorgung auf den mageren Böden Mais, Gerste, Hirse und Kartoffeln sowie etwas Gemüse an. Vom 12. bis zum 16. Jahrhundert beherrschten die Vorfahren der hier ansässigen Khas mit einer mächtigen Dynastie weite Teile des West-Himalaya, bis ihr Reich in den Wirren der Eroberungszüge des Gurkha-Königs unterging und kaum sichtbare Spuren hinterließ.

Glaubt man der Regel „Je steiler das Dach, desto mehr Niederschläge" dürfte es in der Gegend östlich von Simikot kaum regnen. Die meist an den Hang gebauten Dörfer bestehen aus komplex zusammengesetzten Gebäuden, bei denen häufig die Flachdächer den darüberliegenden Häusern als Terrassen und Arbeitsflächen dienen. Sie ähneln darin manchen modernen städtebaulichen Ansätzen im Westen. Die verschiedenen Stockwerke erreicht man über Baumstämme, in die einfachste Stufen geschlagen sind. Es ist unglaublich, mit welcher Behändigkeit auch kleine Kinder über diese Hindernisse hinauf- und hinabklettern! Auch die Jüngsten im Krabbelalter bewegen sich sicher bis an die äußersten Kanten der Dächer, die durch keinerlei Geländer begrenzt sind. Die Dörfer sind arm, fast immer ohne Elektrizität, häufig ist der einzige Dorfbrunnen auf dem betonierten Waschplatz ausgetrocknet, die über viele Kilometer führende Wasserleitung irgendwo zerstört. Das Geld oder auch die Initiative, die Leitung wiederherzustellen, fehlt. In dieser Region Nepals gibt es auch immer noch viele Dörfer ohne Toiletten, dann erstreckt sich am Eingang und am Ausgang des Dorfes neben dem Hauptweg eine ganze Meile mit menschlichen Fäkalienhaufen. Ein Grund mehr, die Dörfer deutlich vor Einbruch der Dunkelheit anzusteuern!
Es gibt aber auch andere Beispiele, wo in einem Ort jemand die Initiative ergriffen und für jede Familie fein säuberliche Toilettenhäuschen gebaut hat – mit Vorhängeschloss wohl gemerkt, denn

In den komplexen Wohnstrukturen von Humla ist nicht viel Platz für Individualität. Großfamilien und Clans wohnen und arbeiten dicht an dicht mit- und übereinander, sodass nur ein ausgeklügeltes System sozialer Bindungen mit Rechten und Pflichten ein friedliches Zusammenleben ermöglicht.

Die Innenhöfe der verschachtelten Wohnhäuser sind ideale Bolz- und Spielplätze für die dörfliche Jugend, aber ebenso tummelt sich hier das gesamte Kleinvieh. Entsprechend sind die hygienischen Verhältnisse.

öffentliche Toiletten wären im Nu in katastrophalem Zustand. Die medizinisch-hygienischen Zusammenhänge zwischen Magen-Darm- sowie Wurm-Erkrankungen und menschlichen Fäkalien sind der ländlichen Bevölkerung nicht klar. Es gibt zwar immer wieder Hygieneprogramme, und in vielen Dörfern hängen Poster, die in einfachen Zeichnungen die Grundbegriffe der Hygiene auch Analphabeten vermitteln sollen, aber es ist sehr schwer, althergebrachte Verhaltensweisen zu ändern.

Die hinduistischen Vorstellungen von ritueller Reinheit, die zum überwiegenden Teil mit Sauberkeit im hygienischen Sinn nichts zu tun haben, helfen wenig. Da Kühe heilig sind, werden Küche und Wohnräume mit einer Mischung aus Lehm und Kuhdung ausgewaschen und der Urin von Kühen wird als probates Mittel zur Reinigung benutzt. Unser Konzept eines WCs innerhalb des Hauses oder gar unmittelbar neben der Küche würde wiederum die hinduistischen Vorstellungen von ritueller Reinheit zutiefst verletzen und einem Brahmanen die Haare zu Berge stehen lassen!

Bedingt Schmutz Armut oder umgekehrt Armut Schmutz? Die Bereitschaft, sich zu waschen, nimmt sicher nicht nur proportional, sondern exponentiell mit fallender Wassertemperatur ab. Tibeter und Bhotia (tibetischstämmige Bewohner der Himalaya-Grenzregionen), besonders der älteren Generation, bevorzugen, ihre Haut mit Butterresten und anderem Fett einzuölen, statt sich zu waschen. Aber weder die Armut noch der Schmutz hindert diese Menschen an einer natürlichen Offenheit und Freundlichkeit und oft auch Neugierde gegenüber dem Fremden, der da staunend durch ihr archaisches Dorf zieht. Es kann aber durchaus auch passieren, dass ein kleiner halbnackter Wicht verschreckt in Tränen ausbricht, weil ihm wahrscheinlich noch nie so ein großes, vielleicht sogar bärtiges menschliches

Wesen über den Weg gelaufen ist. Auf dem dreiwöchigen Trekk durch den Norden zwischen Simikot und Jumla wurden wir (2013) nicht ein einziges Mal von Kindern angebettelt, wie das sonst in Nepal leider schon gang und gäbe ist.

Ein Pilz, der Gold wert ist

Hinter Nepka, dem letzten größeren Ort, sind wir gezwungen, vom Trail abzuweichen, der wegen einer fehlenden Brücke nicht gangbar ist. Wir nehmen einen Weg nach Norden über zwei tief verschneite Pässe mit knapp 5000 Metern bis fast vor die tibetische Grenze. Die grandiose Aussicht auf den Kanjiroba Himal entschädigt uns voll für die Mühe.

Der Abstieg auf der schneefreien Südseite ist deutlich einfacher. Im oberen Teil des Mugu-Tales stoßen wir auf das erste große Camp von Schatzsuchern: nicht Gold, sondern *Yartsa Gumba (*oder *Gunbu*), wörtlich übersetzt „Sommergras – Winterwurm", wird hier gesucht. Allerdings ist es fast genauso wertvoll wie Gold! Eine ungewöhnliche Laune der Natur lässt hier ein begehrtes Aphrodisiakum und Mittel der chinesischen Medizin wachsen: Der chinesische Raupenpilz *(Ophiocordyceps sinensis)* befällt die Raupen von etwa 30 Arten einer Schmetterlingsgattung (Fledermausfalter, *Hepialus armoricanus*), diese werden dadurch abgetötet und aus ihrem Kopfteil wächst ein überdimensionales Horn.

Auf den Knien über die Hänge rutschend, halten die Schatzsucher Ausschau nach den unscheinbaren bräunlichen, zündholz- bis bleistiftdicken und acht bis 15 Zentimeter langen Gebilden, die sich zwischen den Gräsern und Kräutern verstecken und ausgegraben werden müssen. Diese eigenartigen Tier-Pflanze-Zwitterwesen, die im Frühsommer in vielen Gebieten des Himalaya und in Tibet auf 3000 bis 5000 Meter Höhe zu finden sind, erzielen auf chinesischen Märkten geradezu astronomische Preise. Die goldgelbe Topqualität, die allerdings sehr selten zu finden ist, soll 30.000 bis 50.000 Dollar pro Kilo erreichen!

Mit dem Wirtschaftsboom in China hat sich *Yartsa Gumba* zu einem Statussymbol entwickelt, dem der Ruf vorausgeht, dass selbst Yaks, die diesen Pilz auf ihren Weiden verzehren, davon zehnmal stärker werden. Kein Wunder, dass sich ganze Heerscharen auf die Pilzsuche begeben, auch wenn der Preis, den der glückliche Finder von einem Zwischenhändler erhält, nur ein Bruchteil dessen ist, was reiche Chinesen dafür bezahlen! Noch 1970 bekamen die Sammler im Schnitt nur ein bis zwei Dollar pro Kilo. Es hat schon große Streitereien um die Berechtigung zum Sammeln gegeben, in der Nähe von Naar, nördlich der Annapurna, sogar mehrere Mordfälle! In den meisten Gegenden erheben die Dörfer, die das dortige Weiderecht haben, von Sammlern, die aus anderen Gebieten kommen, einen Pauschalbetrag für die Nutzungsberechtigung oder einen Anteil vom Ertrag. So schöpfen günstig gelegene Orte wie Mugu ihren Teil von diesem Geschäft ab, ohne selbst wesentlich aktiv sein zu müssen. Die riesige, neu errichtete, goldglänzende Buddhastatue unterhalb des Ortes wäre anderweitig wohl nicht zu bezahlen gewesen.

Viele Gegenden in Tibet bestreiten inzwischen einen wesentlichen Teil des lokalen Bruttosozialproduktes durch Sammeln und Verkauf dieses Raupenpilzes. *Yartsa Gumba* werden in der traditionellen chinesischen Medizin wahrlich traumhafte Wirkungen zugesprochen: Es wird als potenzsteigernd angesehen (wie alles, was eine längliche, angedeutet phallische Form hat) und soll Viagra zumindest ersetzen, wenn nicht übertreffen! Aber noch viele andere heilende und stärkende Wirkungen auf alle möglichen Organsysteme werden ihm nachgesagt, kaum ein Leiden, bei dem diese Wunderdroge nicht helfen soll: Rückenschmerzen, Müdigkeit, Gelbsucht, zu hohes Cholesterin, Asthma, Anämie und selbst bei HIV-Infektionen. Publikationen, die bisher noch nicht streng wissenschaftlich kontrolliert wurden, behaupten, mit diesem Pilz einen Modulator des Immunsystems sowie antivirale Wirkstoffe gefunden zu haben.

Durch märchenhafte Wälder

Unterhalb der Almwiesen, auf denen noch vereinzelte Yaks nach Futter suchen, kommen wir durch märchenhafte Rhododendronwälder. An den Ästen der Bäume befinden sich häufig meterlange, lamettaartige Flechten. Schließlich sind

Ein Prachtexemplar von Yartsa Gumba *(Ophiocordyceps sinensis):* Die Schmetterlingsraupe ist deutlich zu erkennen. Aus deren Vorderteil wächst der Fruchtkörper des Pilzes. Er gilt als Wunderdroge in der chinesischen Medizin, für die Unsummen bezahlt werden.

Auf der Terrasse vor ihrem gepflegten Haus werden wir in Chhumchaur von einer Chhetri-Familie freundlich empfangen.

Birken vorherrschend, die im Herbst ganze Hänge in leuchtendes Gelb tauchen. Die hiesige Himalayabirke (*Betula utilis var jacquemontii*) hat die Besonderheit, dass sich an den mittelstarken, geraden Stämmen die leicht rötliche Rinde in seitengroßen, papierdünnen Schichten abtragen lässt. In Indien wurde diese Birkenrinde bis ins 16. Jahrhundert als Schreibmaterial verwendet. In Kaschmir und anderen Himalaya-Gebieten diente dieser billige Papierersatz auch später noch gelegentlich als Druckmaterial für die Blockdrucke von Gebeten oder der Mantras für Gebetsmühlen. Von älteren Stämmen der Birke wird die Rinde zudem in etwa ein Zentimeter dicken Schichten abgetragen und beim Aufbau der Flachdächer zwischen den Deckenbalken und den Steinplatten bzw. der Lehmschicht angebracht – eine ideale Isolierschicht gegen Feuchtigkeit und Kälte.

Die Häuser von Mugu haben schon einmal bessere Zeiten erlebt. Stall und Lagerräume, aus grob gehauenen Steinen errichtet, sind im Parterre, die aus Holz gebauten Wohnräume befinden sich meist im oberen Stock. Die Bretterwände werden zum Schutz vor Wind mit Lehm verputzt. Die Flachdächer, auf denen sich ein Großteil des Lebens tagsüber abspielt, haben meist noch ein aufgesetztes Schrägdach aus Brettern, das heute oft durch Plastikplanen oder Fallschirmstoffe ersetzt wird. Erst gegen Abend, wenn nach Sonnenuntergang die Kälte rasch von den hohen Bergen herabfällt, ziehen sich die Familien in ihre dunklen, kaminlosen Wohnküchen zurück, in denen das Herdfeuer wenigstens ein bisschen Wärme spendet, aber der Rauch auch Hustenreiz und Bindehautentzündungen an den Augen hervorruft.

Eine Reihe von Häusern, die schon vor längerem von ihren Besitzern aufgegeben wurden, verfällt. Andererseits sieht man aber auch Reparaturen und Neubauten. Der nunmehr wieder zunehmende Handel mit Tibet gibt Anreiz, zu bleiben und nicht in andere Gebiete abzuwandern, wo bessere Verdienstmöglichkeiten winken würden. Zweimal im Jahr findet an der tibetischen Grenze ein großer Markt statt, auf dem sich die Händler aus Mugu ausgiebig eindecken, um sich selbst zu versorgen, aber auch, um die Waren mit Profit weiter im Süden zu verkaufen.

Die alte Dorf-Gompa wird gerade erneuert, die Steinwände werden neu aufgezogen, alte Tragbalken repariert und die Malereien in sehr lebhaften Farben von zwei Künstlern aus Dolphu ausgeführt. Das kleine Kloster, etwas oberhalb des Dorfes am Berg gelegen, steht noch in seiner ursprünglichen Form, die Wandmalereien sind vom Ruß der Butterlampen geschwärzt und nur noch schwer erkennbar. Interessant ist die Reihe ungewöhnlicher Chörten vor dem Kloster mit aufgemalten Buddha-Augen.

Etwa eine Stunde talauswärts von Mugu befindet sich ein weiteres schön gelegenes kleines Kloster, das es lohnt zu besuchen. Neben dem alten Mönch treffen wir im Hof auf eine Gruppe von Frauen, die die mandelartigen Kerne halbwilder Pfirsiche aufbrechen, um daraus wertvolles Öl zu gewinnen.

Von Mugu aus besteht die Möglichkeit, über den Chyargo La (5150 m) und weiter über den Yala La (5414 m) und Nyingma Gyanzen La (5563 m) bei Pho ins Dolpo zu kommen. Die früher benutzte Route über Tiyar entlang des Namlan Khola und über den Jhonpa La scheint wegen Felsabbrüchen und fehlenden Brücken derzeit nicht passierbar zu sein, wäre aber auf Dauer eine ideale Verbindung zwischen Dolpo und Mugu, wie sie früher schon bestand.

DAS NEPALISCHE KASTENWESEN

Ende des 14. Jahrhunderts führte König Jayasthiti Malla das Kastenwesen nach indischem Vorbild in Nepal ein. Es betraf auch Nicht-Hindus, wurde aber nicht so streng gehandhabt wie in Indien.

Die rituelle Reinheit ist der wichtigste Grundgedanke der Kastenordnung. Die höchste Stufe in der sozialen Hierarchie bilden die Brahmanen (*Brahmin, Bahun*), die an ihrer um die rechte Schulter gehängte Brahmanenschnur erkennbare Priesterkaste, denen der Großteil der rituellen Handlungen vorbehalten ist. Ihnen folgt die Kriegerkaste, die Kshatryas (*Chetris*), zu denen zum Beispiel auch das nepalische Königshaus zählte. Die dritte Stufe, *Vaishyas,* sind Bauern, Kaufleute sowie bestimmte Handwerker. Unter ihnen stehen die *Shudra*, Knechte und Dienstleister, und weiter, als niedrigste Kaste, die *Paria*, in Nepal *Dalit* genannt.

Mit der offiziellen Abschaffung des Kastenwesens 1963 (in Indien 1949) hätte sich das Schicksal der *Dalit*, der „Unberührbaren“, eigentlich deutlich verbessern sollen. Die Nachfahren der dunkelhäutigen Draviden, indischer Ureinwohner, die über Jahrhunderte nach Nepal eingewandert sind, fristen jedoch auch heute noch häufig ihr Dasein, besitzen kaum Land und müssen sich in traditionell unreinen und verachteten Berufen als Lederarbeiter, Abdecker, Schmiede, Musikanten und Schneider ihr karges Brot verdienen. Auf dem Land leben sie oft auch als Wanderarbeiter in primitiven Hütten am Rande oder außerhalb der Dörfer. Immer noch kommt es vor, dass ihnen aus rituellen Gründen der Zugang zum Dorfbrunnen oder zu den Tempeln verwehrt wird. Oft genug bekommen ihre Kinder auch heute noch keine Schulbildung, um die jungen Brahmanen und Chetris aus den hohen Kasten vor einem zu engen Kontakt mit Mitschülern aus den unteren Kasten zu bewahren. Die Zeiten, da Dalits gezwungen waren, die Straßenseite zu wechseln, damit ihr Schatten (!) nicht einen Brahmanen berührte und ihn damit rituell verunreinigte, sind Gott sei Dank vorbei. Ganz allmählich bilden sich politische Gruppierungen, die sich für die tatsächliche Gleichberechtigung der einstmals Unberührbaren einsetzen.

Eine Besonderheit des nepalischen Kastenrechtes war die Eingliederung nach der Zugehörigkeit zu bestimmten Volksstämmen. So wurden die Newar, Gurung, Magar, Rai und Limbu als „nicht versklavbare Alkoholtrinker“ der Kriegerklasse gleichgestellt, während die Sherpas und Tamang als „versklavbare Alkoholtrinker“ unter ihnen standen. Zu den unreinen, aber berührbaren Kasten zählten die besseren Handwerker sowie Muslime und Europäer, in der Hierarchie unter ihnen standen nur noch die Unreinen und gleichzeitig Unberührbaren. Denken Sie daran: Aus Sicht eines besseren nepalischen Hindu sind Sie rituell unrein – aber doch immerhin noch berührbar. Auch wenn zumindest im städtischen Bereich die Kastenunterschiede heute keine große Rolle mehr spielen, ist eine Partnerwahl und Heirat fast ausschließlich innerhalb derselben Kaste denkbar.

Das Kastensystem beherrscht die Gesellschaft: Während die Dalit-Kinder in einem entlegenen Dorf im Mugu (Mitte) ein Schattendasein am Rande der Gesellschaft fristen, lässt die selbstbewusste Körpersprache des Brahmanen (rechts) keinen Zweifel an seiner Stellung aufkommen. Die Brahmanenschnur (links), die einmal im Jahr gewechselt werden muss, ist das äußere Zeichen der höchsten Kaste.

Fröhlichkeit, Schalk, Selbstbewusstsein und Intelligenz sprechen aus dem Gesicht dieses Mädchens, das unbekümmert bei Mugu aufwächst – wohl nur äußerlich ärmer als Kinder in Europa. Selbst die Kleinsten bewegen sich in einer nahezu abenteuerlichen Behändigkeit und mit beeindruckender Selbstständigkeit in ihrem Lebensraum.

In der Nähe des Dorfes Dolphu wird die letzte Ernte der Gerste eingebracht. Wegen der Steilheit ist das Gelände terrassiert, der Anbau erfolgt jedoch ohne künstliche Bewässerung.

Im nördlichen Mugu, entlang der tibetischen Grenze, stehen zahllose bislang unbestiegene Fünf- und Sechstausender. Ein Paradies für Alpinisten, das von der nepalischen Regierung aber noch nicht zum Bergsteigen freigegeben ist.

Kulturland inmitten einer unwirtlichen Natur: Felsstürze begrenzen die herbstlich braunen, abgegrasten Almwiesen.

An den Rand der einzelnen Terrassenstufen, die mit Hirse, Gerste und gelegentlich auch Weizen bestellt sind, wird der rote Amaranth gesät, dessen schmackhafte feine Samenkörner den anderen Getreiden untergemischt oder auch pur verwendet werden.

Im Vergleich zu ihren hinduistischen Schwestern weiter südlich treten die Frauen im buddhistisch geprägten Nordteil von Mugu unvergleichlich selbstbewusster auf.

Weit und breit keine Möglichkeit zum Schulbesuch, bezahlte Arbeit ist auch langfristig nicht in Sicht – was wird aus diesen Buben?

Nächste Doppelseite: Patrasi und Kanjiroba Himal, vom Chaudhabise Danda aus gesehen.

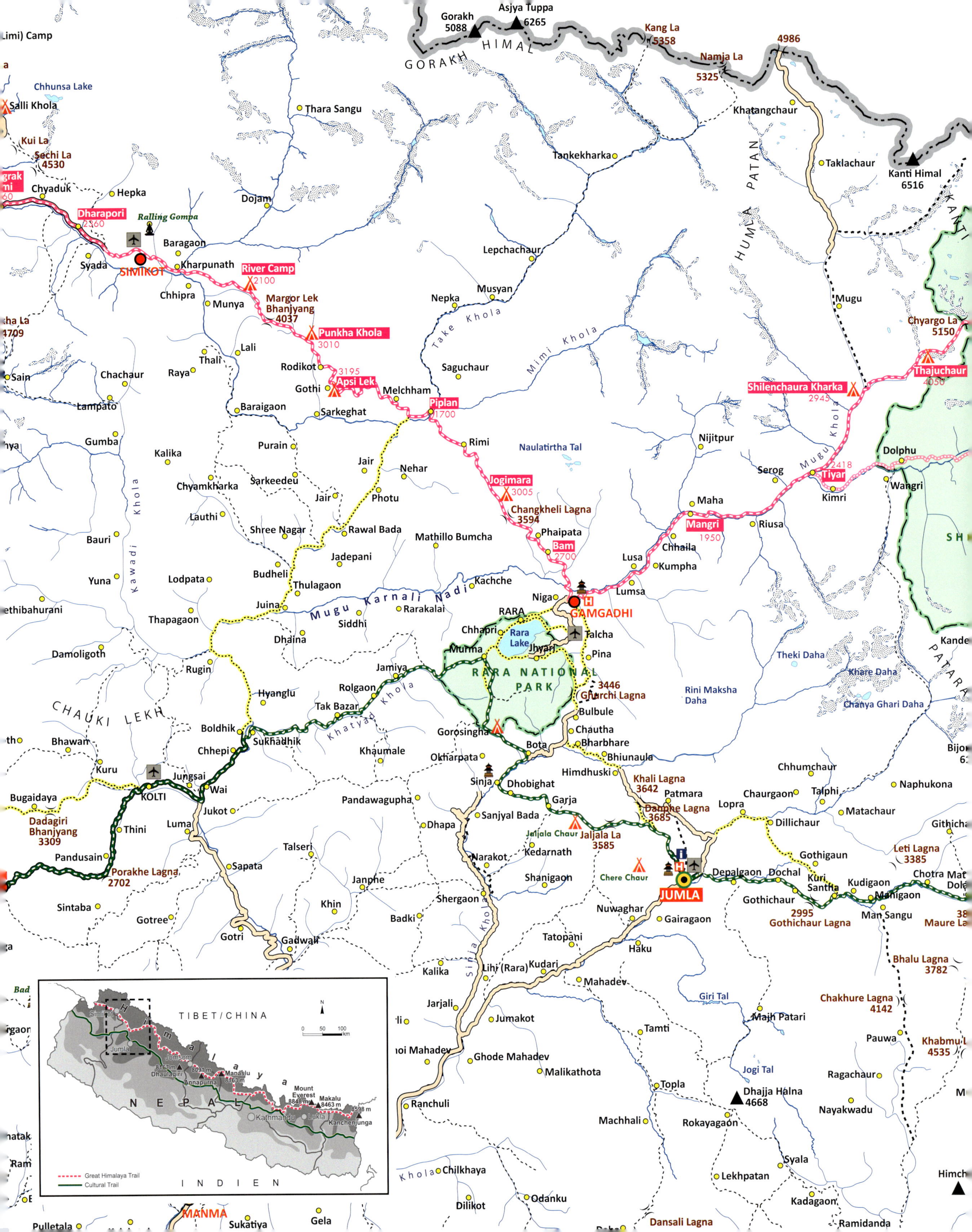

Gorakh 5088
Asjya Tuppa 6265
GORAKH HIMAL
Kang La 5358
Namja La 5325
4986
Khatangchaur
Kanti Himal 6516
Taklachaur
HUMLA PATAN
Tankekharka
Thara Sangu
Chhunsa Lake
Salli Khola
Kui La
Sechi La 4530
Chyaduk
Hepka
Dojam
Dharapori 2560
Ralling Gompa
Baragaon
Syada
SIMIKOT
Kharpunath
River Camp 2100
Chhipra
Munya
Margor Lek Bhanjyang 4037
Punkha Khola 3010
Lepchachaur
Musyan
Nepka
Take Khola
Mugu
Chyargo La 5150
Thajuchaur 4050
Mimi Khola
Lali
Thali
Raya
Chachaur
Sain
Lampato
Rodikot
3195
Apsi Lek
Gothi
Melchham
Saguchaur
Piplan 1700
Shilenchaura Kharka 2945
Baraigaon
Sarkeghat
Purain
Rimi
Naulatirtha Tal
Nijitpur
Mugu Khola
Dolphu
Gumba
Kalika
Jair
Nehar
Serog
2418
Tiyar
Kimri
Wangri
Chyamkharka
Sarkeedeu
Jogimara 3005
Jair
Photu
Maha
Changkheli Lagna 3594
Lauthi
Shree Nagar
Rawal Bada
Mangri 1950
Riusa
Kawadi Khola
Bauri
Mathillo Bumcha
Phaipata
Chhaila
Jadepani
Bam 2700
Lusa
Kumpha
Yuna
Lodpata
Budheli
Thulagaon
Kachche
Lumsa
Mugu Karnali Nadi
Niga
GAMGADHI
Juina
Rarakalai
RARA
Thapagaon
Siddhi
Chhapri
Rara Lake
Talcha
Dhaina
Jhyari
Pina
Kande
Damoligoth
Murma
Theki Daha
Rugin
RARA NATIONAL PARK
Khare Daha
Jamiya
3446
Rini Maksha Daha
Chanya Ghari Daha
Hyanglu
Rolgaon
Ghurchi Lagna
PATARA
CHAUKI LEKH
Tak Bazar
Khatyad Khola
Bulbule
Boldhik
Gorosingha
Chautha
Bhawan
Sukhadhik
Bota
Bharbhare
Chhepi
Khaumale
Okharpata
Bhiunaula
Chhumchaur
Kuru
Jungsai
Himdhuski
Naphukona
KOLTI
Wai
Sinja
Dhobighat
Khali Lagna 3642
Patmara
Chaurgaon
Talphi
Bugaidaya
Jukot
Pandawagupha
Garja
Lopra
Matachaur
Dadagiri Bhanjyang 3309
Luma
Sanjyal Bada
Danphe Lagna 3685
Dillichaur
Thini
Dhapa
Jaljala Chaur
Jaljala La 3585
Gothigaun
Leti Lagna 3385
Pandusain
Talseri
Narakot
Kedarnath
Porakhe Lagna 2702
Sapata
Shanigaon
Chere Chaur
Depalgaon
Dochal
Kuri Santha
Kudigaon
Chotra
Janpne
JUMLA
Gothichaur
Manigaon
Sintaba
Khin
Shergaon
Nuwaghar
2995 Gothichaur Lagna
Man Sangu
Maure La
Gotree
Badki
Gairagaon
Gotri
Gadwali
Tatopani
Sinja Khola
Haku
Bhalu Lagna 3782
Kalika
Lihi (Rara)
Kudari
Mahadev
Chakhure Lagna 4142
Giri Tal
Jarjali
Jumakot
Majh Patari
Tamti
Pauwa
Khabmu La 4535
Ghode Mahadev
Malikathota
Jogi Tal
Ragachaur
Topla
Dhajja Halna 4668
Ranchuli
Nayakwadu
Machhali
Rokayagaon
Syala
Khola
Chilkhaya
Lekhpatan
Dilikot
Odanku
Kadagaon
MANMA
Sukatiya
Gela
Pulletala
Dansali Lagna
Ramidandha
Himch
TIBET/CHINA
Himalaya
Simikot
Jumla
Jomsom
Dhaulagiri 8167 m
8091 m
Annapurna
Manaslu 8163 m
Mount Everest 8848 m
Makalu 8463 m
8598 m
Kanchenjunga
Kathmandu
Lukla
NEPAL
INDIEN
0 50 100 km
Great Himalaya Trail
Cultural Trail

TREKKING MUGU

GHT

Der Trail folgt zunächst wenig spektakulär dem Mugu Karnali in seinem tiefen Taleinschnitt bis Gamgadhi und weiter nach Rara, zum größten See von Nepal (2990 m). Mit den ausgedehnten Tannenwäldern und der fast lieblichen Landschaft wird diese Gegend häufig mit der Schweiz verglichen.
Dauer: 4 Tage

Mugu

Von Simikot gen Osten über Melcham nach Nepka in das Tal des Take Khola und über zwei Pässe mit ca. 5000 Metern nahe der tibetischen Grenze nach Mugu. Nun entweder zum Rara-See oder weiter nach Süden über Dolphu entlang Hiunchuli und Kanjiroba hinaus nach Jumla. Die Wahrscheinlichkeit, andere Touristen zu treffen, kann vernachlässigt werden!
Schwierigkeit: technisch nicht schwierig, die Passübergänge sind aber nicht leicht zu finden. Schneelage beachten!
Höchster Punkt: 5300 Meter
Übernachtung: Nur als voll ausgerüstetes Zelttrekking möglich, ortskundige Führer notwendig.
Start: Simikot, von Kathmandu über Nepalgunj per Flug erreichbar
Ziel: Jumla; Rückflug nach Kathmandu über Nepalgunj
Dauer: 4 Wochen
Reisezeit: Mai/Juni und Oktober/November

Rara

Von Juphal über leichte Pässe (max. 3900 m) über Jumla bis zum Rara-See. Leichter Trekk im mittleren Bergland mit interessanten, noch wenig besuchten Dörfern und gelegentlichen Ausblicken auf die hohen Bergketten im Hintergrund
Schwierigkeit: gering
Höchster Punkt: 3900 Meter
Übernachtung: Homestay oder Zelttrekking
Start: Juphal (Flug von Kathmandu über Nepalgunj)
Ziel: Talcha Airport am Rara-See
Dauer: 2 Wochen
Reisezeit: März bis Mai und September bis Dezember

Ein Besuch des nördlichen Mugu ist nur als Zelttrekking machbar. Ein ortskundiger Guide sollte über die häufig verschneiten Pässe führen.

HUMLA – KARNALI – LIMI

Die Verbindung von Simikot zum Markt im tibetischen Purang war immer schon der leichteste und unkomplizierteste Übergang nach Tibet. Der flache, 4560 Meter hohe Nara La ist meist nur zwei Monate schneebedeckt und lässt so einen fast ganzjährigen Karawanenbetrieb und Pilgerstrom zum heiligen Berg Kailash in Tibet zu. Wie ihre Nachbarn benötigten auch die Humli über Jahrhunderte den Handel mit Tibet und der Gangesebene, um sich ein Zubrot zu verdienen, das ihnen das Überleben in dieser kargen Landschaft ermöglichte. Auch für Trekking-Touristen bietet sich hier die ideale Möglichkeit für einen Abstecher nach Tibet, der gern mit einer Kailash-Umrundung verbunden wird.

Wieder einmal hat der Weiterflug vom stickig-heißen Nepalgunj nach Simikot nicht, wie geplant, gleich am nächsten Tag geklappt. Die Sicht ist zu schlecht und die Winde in den Bergen sind zu stark, der Flug wird gecancelt. Also zurück ins Hotel und warten. Am nächsten Morgen die gleiche Prozedur: früh um sieben raus und zum Flughafen. Bestes Wetter, wir werden sicher fliegen – aber nein: Heute ist Dashain, das höchste Fest des Jahres. Die Durga-Puja-Zeremonie muss erst noch stattfinden!
Unser Gepäck ist gecheckt, und wir stehen schon auf dem Rollfeld. Der Priester aus der Brahmanenkaste, umgeben von Helfern, führt aber noch andachtsvoll sein Ritual aus und hat es keineswegs eilig. Als wir schließlich einsteigen können, heulen auch schon die Motoren auf. Unter dem Schutz der blutrünstigen Göttin Durga erleben wir einen ruhigen Flug und eine sichere Landung auf der holprigen Piste in Simikot, dem Verwaltungszentrum der Region Humla.
So richtig anheimelnd ist der Ort nicht, aber es gibt die Möglichkeit, noch einmal nach Hause zu telefonieren, Proviant für die nächsten Wochen zu besorgen und in einem neugebauten Hotel neben einem etwas verwahrlosten Hospital am Ende des Ortes zu duschen. Nach einer unruhigen Nacht, untermalt vom anhaltenden Gebell zahlloser Hunde, geht es am nächsten Morgen zeitig los in Richtung tibetischer Grenze.

Amaranth wird nach der Ernte nicht gedroschen, sondern mit den Füßen ausgeknetet, um an die empfindlichen kleinen Samen zu kommen. Die Kulturpflanze aus der Familie der Fuchsschwanzgewächse kommt in einer roten und beigen Variante vor.

Im Tal des Karnali

Im Tal des von Tibet kommenden Karnali, meist allerdings weit oberhalb des Flusses, folgen wir dem alten Weg der Pilger- und Handelskarawanen durch eine abwechslungsreiche Landschaft. Gelegentlich kann man sogar in der Ferne den schneebedeckten Gipfel des Saipal (7031 m) sehen. Neben dem Api (7132 m) ist er der westlichste Ausläufer des Hochgebirges in Nepal.

Die Getreideernte ist schon in vollem Gange. Auf runden Plätzen werden jeweils vier oder fünf Ochsen oder auch Maultiere im Kreis über das Stroh getrieben, um die Gerste auszudreschen. Daran schließt sich die mühsame Arbeit des Worfelns an. Mithilfe des Windes werden Spreu und Korn getrennt. Danach muss das Getreide noch tagelang auf den Flachdächern in der Sonne getrocknet und gewendet werden, damit es, für den Winter eingelagert, nicht verdirbt.

In anderen Dörfern wird Amaranth geerntet. In Europa kennen wir ihn als Zierpflanze: der rote Gartenfuchsschwanz. An mannshohen Pflanzen hängen die schweren roten oder gelben Fruchtstände herab. Mit den blanken Füßen werden die kleinen schwarzen Körner ausgetreten, aus denen ein schmackhaftes Fladenbrot hergestellt werden kann.

Seit 1980 hat sich die Bevölkerung in Humla fast verdoppelt – nicht aber die landwirtschaftliche Anbaufläche. Um eine weitere Verarmung und Abwanderung zu verhindern, muss hochsubventionierter Reis als Grundnahrungsmittel auf Tragtieren nach Humla gebracht oder sogar eingeflogen werden. Straßen gibt es bislang keine.

Die für Nepal ungewöhnlichen Kopfbedeckungen der Männer fallen hier auf: große, locker gebundene Turbane. Die Ahnen der hier ansässigen Khas sind vor langer Zeit aus Rajasthan in Nordindien vor den anrückenden Mogularmeen geflohen und haben hier in den Bergen Schutz gesucht.

Wir lassen Felder und Weiden zurück, der Weg windet sich nun durch ausgedehnte Wälder mit Zedern (*Cedrus deodara*) und Himalaya-Hemlocktannen (*Tsuga dumosa*), deren Stämme nicht selten einen Durchmesser von fast zwei Metern haben. An manchen Stellen ist der Weg abenteuerlich mit Steinstufen und Galerien in die steilen Felsabhänge geschlagen. Er bildet immer noch eine wichtige Handelsroute: Wir begegnen zahlreichen Karawanen, die entweder *Dzos*, die Kreuzung aus Yak und Rind, oder auch Ziegen und Schafe als Tragtiere verwenden. Allerdings wird weniger mit Salz und Getreide gehandelt als früher, dafür versorgt sich die gesamte Region auf diesem Wege mit billigen Waren aus China. Aber nicht nur Händler sind unterwegs, zwischendurch treffen wir Gläubige auf ihrem Weg zum Berg Kailash in Tibet, der Hindus und Buddhisten gleichermaßen heilig ist. Er gilt als *axis mundi,* die kosmologische Verbindung zwischen der irdischen Welt und dem Himmel.

Auch wir machen diesen Ausflug zum Manasarowar-See in Tibet, vollziehen die *Khora*, die Umrundung des Kailash, auf der Route der Pilger, und besuchen Tsaparang, die historische, heute zerstörte Hauptstadt des alten westtibetischen Königreiches Guge mit ihren einmaligen Tempelanlagen. Während der chinesischen Kulturrevolution haben hier die roten Garden unwiederbringliche Kulturschätze zerstört.

Zurück durchs Limi-Tal

Zurück an der Grenze, verladen wir unser Gepäck aus dem Jeep wieder auf Maultiere. Wir wollen nicht auf demselben Weg zurück nach Simikot, sondern durch das Limi-Tal mit seiner tibetisch geprägten Kultur. Unten am Fluss angekommen, stempelt der nepalische Beamte unsere Papiere mit einer großen Swastika als Emblem: das tibetische Sonnenrad, das einem gespiegelten Hakenkreuz gleicht. Es gilt in allen hier vertretenen Religionen – Bön, Buddhismus, Hinduismus und Jainismus – als religiöses Glückssymbol.

Auf einem schmalen Pfad geht es steil bergan, direkt dem Grenzverlauf folgend, teilweise sogar noch auf tibetischem Territorium und dementsprechend streng beäugt von den chinesischen Grenzposten. Gegenüber ist der Verlauf der Straße zu sehen, die sich – mit chinesischer Hilfe erbaut (von der möglichen strategischen Bedeutung für die Chinesen ganz zu schweigen) und von den Einheimischen begrüßt – langsam in Richtung Simikot in die Landschaft frisst. Unser schmaler

Weg in grandioser Landschaft hoch über dem tosenden Karnali wird dagegen wohl nie ausgebaut und befahrbar werden! Nach zwei Tagen ohne wesentliche Höhenunterschiede erreichen wir das in einem kleinen Seitental gelegene Tiljung. Wie alle Dörfer im Limi besteht es aus meist zweistöckigen Steinhäusern, eng aneinandergebaut, mit Flachdächern im tibetischen Stil.

Von den weit unten im Tal liegenden Feldern werden die letzten Reste der Buchweizenernte in großen Körben nach Hause getragen. Buchweizen ist im gesamten Himalaya eine wichtige Zusatznahrung. Er ist keine Getreideart, sondern gehört zu den Knöterichgewächsen. Früher wurde er auch in den Alpen, zum Beispiel in Südtirol, angebaut. Er gedeiht auch noch auf ausgesprochenen Magerböden in großer Höhe und muss nicht eigens bewässert werden. Im Frühsommer blüht er mit kleinen weißen bis rosa Blüten. Seine kleinen schwarzen Samen mit leicht nussigem Geschmack werden gemahlen und zu einem nahrhaften Fladenbrot verarbeitet. Die abgeernteten Felder sind an den rötlich-braunen Stoppeln gut zu erkennen. Wie in den anderen nördlichen Randgebieten Nepals wird aber auch hier im Limi- und Karnali-Tal vorwiegend Gerste angebaut. Die Gerstenkörner werden erst geröstet, danach gemahlen und zu *Tsampa,* einem mit Tee oder Wasser angerührten Brei, verarbeitet, der bis vor kurzem das Hauptnahrungsmittel von Bhotias und Tibetern bildete.

Das Kloster von Halji

In Halji, dem Hauptort des Limi-Tales mit beeindruckender Architektur, befindet sich der Rinchen Ling, der wichtigste Tempel weit und breit. Nach lokaler Tradition wurde er von Rinchen Zangpo gegründet, einem bedeutenden buddhistischen Gelehrten und Übersetzer, der um das Jahr 1000 gelebt hat und maßgeblich an der Ausbreitung des Buddhismus beteiligt war. Jüngste Untersu-

Große Ziegen- und Schafherden dienen nach wie vor als Packtiere, um Mehl, Getreide und andere Lebensmittel aus Tibet zu bringen. Es wurden aber auch Schafe mit beidseitigen Lasten von jeweils vier Flaschen Bier, Whisky oder anderem Schnaps aus China gesichtet.

BUDDHISMUS UND LAMAISMUS

Der historische Buddha wurde 563 v. Chr. in Nepal, im heutigen Lumbini, nahe der indischen Grenze als Sohn eines Königs geboren. Prinz Siddharta Gautama lebte abgeschirmt in seinem Palast mit allen nur denkbaren Annehmlichkeiten, er heiratete früh. Nachdem er bei einem heimlichen Ausflug erstmals mit dem menschlichen Leiden in Form von Krankheit, Alter und Tod konfrontiert wurde, wandte er sich mit 30 Jahren von seiner Familie ab, wurde Bettelmönch und begann zu meditieren. Als Asket wanderte er durch Nordindien und erlangte schließlich, unter einem Bodhi-Baum meditierend, seine Erleuchtung. Damit war er zum Buddha geworden und begann, seine Philosophie – das Rad der Lehre (*Dharma*) – zu verkünden. Er sah sich keinesfalls als Religionsstifter, seine Lehren, eine Art Verhaltenskodex (die vier Wahrheiten und der achtfache Pfad) sollten ursprünglich dem Individuum und der Gemeinschaft die Möglichkeit geben, ohne die Hilfe von Göttern und Priestern vom Leid und der Kette ewiger Wiedergeburten erlöst zu werden und in das Nirwana einzugehen.

Erst spätere Generationen seiner Anhänger formten aus diesem philosophischen Gebäude eine Religion, die im *Theravada* (*Hinayana*) – der Form, wie sie in Sri Lanka und Südostasien heute noch praktiziert wird – Buddha eine gottgleiche Stellung gab. Spätere Entwicklungen (*Mahayana*) in Indien, China und Japan stellten eine ganze Reihe von weiteren Gottheiten neben ihn. Schließlich entwickelte sich in Tibet noch das *Vajrayana* – das „Diamantene Fahrzeug" –, das noch eine Unzahl weiterer Strömungen wie den indischen Tantrismus, die alte, im Himalaya verbreitete Bön-Religion und andere animistische Kulte aufnahm.

Der aus Indien stammende tantrische Gelehrte Padmasambhava, in Tibet als Guru Rinpoche verehrt, brachte im 8. Jahrhundert die Lehre Buddhas nach Tibet, gründete Klöster und vollbrachte zahlreiche Wunder. Der Legende nach besiegte er durch seine Zauberkraft die alten Gottheiten der Bön-Religion, integrierte sie in den neuen Ritus und wies ihnen als zornvolle Gottheiten die Funktion als Wächter des Glaubens (*Dharmapala*) zu. Dieser auch Lamaismus genannte Glaube hat von Tibet aus mit seinen verschiedenen Denkschulen den gesamten Himalaya-Raum beeinflusst.

Neben der alten unreformierten, nach ihren Kopfbedeckungen „Rotmützen" genannten

Schule erlangten nach einer Reformation im 15. Jahrhundert noch die „Gelbmützen" (*Gelugpa)* große Bedeutung. Zu dieser Schule, die sich zunächst mehr auf die Ursprünge der Philosophie zurückbesann, zählt auch der Dalai Lama, der als eine Inkarnation des Gottes *Tschenresi* (*Avalokiteshvara,* der Gott des universellen Mitgefühls) angesehen wird. Die Reihe dieser Wiedergeburten herrschte seit 1642 bis zur Flucht des jetzigen Dalai Lamas 1959 nach Indien als Gottkönige über Tibet.

Durch die Aufnahme des Pantheons der alten tibetischen Bön-Religion mit ihrer nahezu unüberschaubaren Anzahl von Göttern, Geistern und Dämonen verlor der Lamaismus die asketische Einfachheit der ursprünglichen buddhistischen Vorstellungen.

Für Außenstehende noch unübersichtlicher wird die religiöse Praxis durch die Einbeziehung des Tantrismus, einer im Hinduismus entstandenen Strömung mit teilweise geheimen magischen Riten, die Gurus ausgewählten Schülern weitergeben. Die Betonung der männlichen und weiblichen Polarität spielt dabei eine große Rolle.

Der Großteil der Gottheiten hat nicht nur einen gütigen und einen zornigen Aspekt, sondern auch noch ein weibliches Gegenstück – eine *Shakti.* Erst in der sexuellen Vereinigung mit dem Weiblichen erlangt die Gottheit ihre volle Kraft und Macht.

Die aus den frühen Formen des indischen Tantrismus übernommenen Vorstellungen, die mit zahlreichen mystischen und auch sexuellen Praktiken verbunden sind, haben auch Eingang in die tibetische Ikonographie gefunden. In allen Tempeln gibt es Darstellungen der Götter in inniger Umarmung mit ihren Gefährtinnen. Diese Abbildungen haben keine erotische Intention, sondern symbolisieren die Aufhebung der Gegensätze durch Vereinigung männlicher Kraft und weiblicher Weisheit.

Vergoldete Standarten und die Figuren der beiden Rehe, die das Rad der Lehre verehren (mittleres Bild), zieren üblicherweise die Eingänge bedeutender Klöster oder Gompas. Die Rehe stammen der Legende nach aus dem Garten von Sarnath, wo Buddha seine erste Predigt hielt.

chungen lassen die Datierung einer Figur dieses Tempels in das 11. Jahrhundert zu. Möglicherweise ist das Kloster in Halji damit eines der ältesten lamaistischen Klöster in Nepal – wenn nicht sogar das älteste!

Immerhin ist belegt, dass Rinchen Zangpo nicht weit von Limi in einer Höhle meditierte und auch ein Anwesen in dieser Gegend besaß. Insgesamt soll Rinchen Zangpo im Himalaya 108 (die heilige Zahl!) Tempel gegründet haben, darunter so bedeutende wie Tabo in Spiti und Tholing in Guge, die allerdings wesentlich prachtvoller und kunsthistorisch bedeutender ausgestattet sind als die Gompa in Halji.

Während wir im geschützten Innenhof des Tempels die letzte Nachmittagssonne auf 3650 Metern genießen, kommt ein vielleicht Dreißigjähriger auf uns zu und stellt sich als Dorje vor. In erstaunlich gutem Englisch bietet er an, uns ein bisschen herumzuführen und uns etwas über sein Heimatdorf zu erzählen. Aber auch seine eigene Biographie ist interessant genug: Sein Vater, ein hier angesehener Händler und Bauer, schickte den Sohn zunächst zu den hiesigen Lamas ins Kloster, wo dieser lesen und schreiben lernte. Nach ein paar Jahren kam der Junge zunächst nach Simikot, wo es schon eine Primarschule gab, und später nach Kathmandu, um eine höhere

Schule zu besuchen, wobei er bei Verwandten in der Nähe von Bodnath leben konnte. Er hatte dann auch noch das Glück, eine allerdings schlecht bezahlte Anstellung in einer halbstaatlichen Organisation zu bekommen, die sich um Wasserbau kümmerte. Zum Schluss des Rundganges zeigt er uns am Ortsrand einen Schutzdamm aus groben Steinen in Drahtgeflechten, der gerade gebaut wird, um die wenigen verbliebenen ebenen Felder entlang des großen Baches vor Hochwasser zu schützen, denn hier war 2006 bei einer großen Überflutung viel Schaden angerichtet worden. Damals ahnen wir noch nicht, dass ein Jahr nach unserem Gespräch, am 30. Juli 2011, ein GLOF, ein *Glacier Lake Outburst Flood*, noch viel größere Verwüstungen anrichten sollte. Durch die globale Erwärmung, die auch vor dem Himalaya nicht Halt macht, hatte sich auf 5300 Metern ein Gletschersee gebildet, dessen natürlicher Damm nun, bedingt durch den Rückgang des Eises, gebrochen war, sodass sich das angestaute Wasser in einem großen Schwall durch das enge Tal ergoss und fast zehn Hektar Land zerstörte. Viele Familien wurden dadurch ihrer Existenzgrundlage beraubt. Die unter Dorjes Anleitung gebauten Dämme konnten zwar noch Schlimmeres verhindern, aber alle Bewohner leben seither in der Angst, dass nach den Ereig-

Halji, der Hauptort des Limi-Tales.

Auf die Rückseite der Gompa, die an der roten Bemalung zu erkennen ist, wurde in großen Lettern das Mantra *om mani padme hum* geschrieben.

nissen 2006 und 2011 eine weitere Flut noch größeren Schaden anrichten wird. Auch wissenschaftliche Untersuchungen der Universität Tübingen gehen davon aus, dass mit weiteren derartigen Ereignissen gerechnet werden muss. Es ist fraglich, ob die jetzt 450 Einwohner von Halji auf Dauer bleiben werden, wenn ihr Land und ihre Häuser nicht durch größere Schutzbauten abgesichert werden können, die aber in dieser abgelegenen Gegend nur äußerst schwer durchführbar sind und große finanzielle Mittel erfordern würden.

Über Jahrhunderte mussten sich die Bewohner des Himalaya mit den Widrigkeiten der extremen Lagen, in denen sie sowieso schon ums Überleben kämpften, auseinandersetzen. Erdrutsche, Missernten oder massive Schneefälle gab es schon immer, aber durch das zivilisationsbedingte Abschmelzen der Gletscher kommt nun nicht nur im Limi-Tal ein neuer Gefahrenfaktor hinzu – ganze Dörfer könnten ausgelöscht werden.

Während Halji auf einer kleinen Ebene liegt, ist der dritte große Ort des Tales – Dzang (oder Jang) – an den Hang gebaut. Die großen, massiven Steinhäuser wirken dadurch noch mächtiger, manchmal sogar bedrohlich. In der hiesigen Gompa hat es offensichtlich in den letzten Tagen ein größeres Fest gegeben, überall wird aufgeräumt. Nicht wenige Männer haben dem *Chang*, einem selbst gebrauten Bier aus Gerste (wird aber auch aus Hirse oder Reis hergestellt), kräftig zugesprochen oder zu viel *Rakshi* erwischt, ein gefährlicher Fusel, der überall in den Hinterhöfen destilliert wird. Da nur ein einziger Destillationsvorgang durchgeführt wird, enthält dieser Trank nicht nur Äthanol, sondern auch das gefährliche Methanol. Immer wieder kommt es dadurch zu Erblindung und auch zu Todesfällen.

Heiße Quellen

Auf halbem Weg nach Takchhe schlagen wir unsere Zelte in der Nähe der warmen Quellen bei Gumba Yak auf. Bei Temperaturen nicht weit über dem Gefrierpunkt ist es herrlich, sich an dem gemauerten Waschplatz das angenehm warme, aber auch nicht zu heiße Wasser über den Körper laufen zu lassen. Immer wieder findet man in den geologisch aktiven Zonen im Himalaya *Tato pani* – heißes Wasser. Ein ungewöhnlicher Luxus auf einer Trekkingtour, den man erst hier oben richtig zu schätzen lernt!

So gesäubert und gestärkt kommen wir am nächsten Tag auf dem weitgehend flachen Weg entlang des Takchhe Khola rasch voran. Völlig überrascht treffen wir auf einen Lastwagen chinesischer Bauart, ein Camp aus einigen Zelten und ein einfach gebautes neues Haus mit einem kleinen Laden. Das also ist Tholing, der Endpunkt der Straßenverbindung aus China.

Vor einigen Jahren hatten sich Ko Tsering, ein Händler aus Limi, der schon weit in der Welt herumgekommen war, und sein Bruder Mingyul, der in Indien eine höhere Schule besucht hatte, zusammengetan und auf eigene Faust sowie weitgehend auf eigene Kosten eine Straße über ca. 100 Kilometer bis an die chinesische Grenze gebaut. Jeder der beiden Brüder kaufte sich einen Lkw, und sie betreiben nunmehr einen lebhaften Handel zwischen Tibet und dem nepalischen Limi-Tal. Ein großes blaues Schild „Karnali Gramin Trade Concern Ltd." mit Telefonnummern in China, Nepal und Indien lassen darauf schließen, dass die beiden Brüder vorhaben, ihre Handelsbeziehungen noch weiter auszubauen. Hoffentlich macht ihnen die Weltpolitik keinen Strich durch die Rechnung!

Hoch über dem Tal des Limi Khola läuft der Verbindungsweg vom Grenzort Hilsa nach Halji.

URALTE HANDELSVERBINDUNGEN MIT TIBET

Das Besiedeln von Höhen über 3500 Metern und das Überleben dort bei widrigen klimatischen Gegebenheiten und kargen Böden war schon immer nur dann möglich, wenn eine zusätzliche Verdienstmöglichkeit außerhalb der Landwirtschaft bestand. Auch in Kombination mit Viehzucht ist es in diesen Gebieten nicht möglich, mehr als 50 bis 70 % der Ressourcen aus der Landwirtschaft zu gewinnen. Über Jahrhunderte hatten die Bhotia, die tibetischstämmigen Bewohner der Himalaya-Grenzregionen, durch den Salz- und Getreidehandel eine wichtige ökonomische Vermittlerfunktion zwischen dem Hochland von Tibet mit seinen Salzseen und den fruchtbaren nepalischen und nordindischen Anbaugebieten, die einen Überschuss an Reis und Getreide produzierten. Limi hatte jahrhundertelang eine Zwitterstellung: Die Kopfsteuer bezahlten die Einwohner nach Tibet, die Grundsteuer nach Nepal!

Limi ist bekannt für *Phorba,* hölzerne Teeschalen, deren Innenfläche und Fuß in besonderen Fällen noch mit einem dünnen Silberblech ausgekleidet und verziert sind. In fast allen Häusern wurden aus Birken- oder anderem stark gemaserten Laubholz diese schönen Schalen gedrechselt, aus denen Buttertee, aber auch *Chang* getrunken oder in denen *Tsampa* zubereitet wird. Diese begehrten Gefäße, von den Sherpas auch *Cheni* genannt, konnten früher, zur Zeit der großen Yak-Karawanen, bis in den Osten von Nepal und in Teile von Tibet verkauft werden.

Während nach dem chinesischen Einmarsch in Tibet 1950 der Handel in den übrigen Gebieten (Arun, Khumbu, Dolpo, Mustang, Mugu) für einige Jahre praktisch völlig zum Erliegen kam, konnten die Händler aus Humla und speziell aus Limi immer einen gewissen kleinen Grenzverkehr aufrechterhalten.

Mit der genauen Festlegung der Grenze und Demarkationslinie in den Jahren 1961 bis 1963 wurden auch die seit jeher bestehenden Weiderechte der in Nepal siedelnden Bevölkerungsgruppen, die in den Wintermonaten ihre großen Yakherden auf die Hochebene nach Tibet getrieben hatten, aufgekündigt.

In allen diesen Gebieten gibt es keine Möglichkeit, während der kurzen Vegetationsperiode ausreichende Futtervorräte für den Winter anzulegen. Ohne ihre angestammten Weidegründe in Tibet musste der Viehstand dramatisch verringert werden.

In Humla wurde immer schon ein großer Teil des Salz- bzw. Getreidetransportes mit Ziegen- und Schafkarawanen durchgeführt: In kleinen Leder- oder Wollsäcken, mit denen diese Tiere Lasten bis zu zehn Kilogramm tragen können, wurde Salz nach Süden und Getreide nach Norden geliefert. Der Vorteil

hierbei war, dass Schafe und Ziegen bei den südlichen Nachbarn und nicht im Norden überwinterten! Ein kompliziertes, ausgeklügeltes System von Weiderechten auf den abgeernteten Feldern, die wiederum vom Dung der Tiere profitierten, sicherte den Ablauf der langen Handelsreisen. Teilweise wurden den tibetischen Nomaden ganze Schafherden abgekauft, die dort mit Salz beladen wurden. In Indien konnte dann nicht nur das Salz, sondern auch das Vieh verkauft werden. Besonders in den Wochen vor dem großen Opferfest Dashain blühte dieser Handel, denn der Bedarf an Opfertieren ist in Indien groß.

Nachdem der Karawanenhandel aus politischen Gründen wieder möglich gewesen wäre, brachte eine ganz andere Maßnahme diesen Erwerbszweig praktisch völlig zum Erliegen: Man erkannte nämlich, dass der weitverbreitete Jodmangel und die daraus-folgende Schilddrüsenunterfunktion, die zu Kropfbildung und Kretinismus führt, indirekt mit der Versorgung durch tibetisches Salz, das kein Jod enthält, zu tun haben. Seit 1973 wird durch ein umfangreiches Programm der gesamte nepalische Bedarf an jodiertem Speisesalz (100.000 Tonnen!) von Indien kostenlos inklusive der gesamten Verteilungslogistik sichergestellt! Dieses medizinisch sinnvolle Programm hat letztlich dem Trans-Himalaya-Salzhandel den Todesstoß versetzt und ganzen Bevölkerungsgruppen ihre Existenzgrundlage geraubt.

Die versierten Händler aus Humla, Dolpo, Mustang und anderen Gebieten haben sich dann noch eine Weile mit dem Schmuggel tibetischer Antiquitäten und, in umgekehrter Richtung, dem unter Artenschutz stehender Tierprodukte über Wasser gehalten. In China wurden für Tigerfelle 10.000 Dollar und für Tigerknochen 500 bis 1000 Dollar pro Kilogramm bezahlt! Ebenso wurden Leoparden- und Antilopenfelle sowie die im Ruf eines Aphrodisiakums stehenden Nashörner geschmuggelt. Erst als sich der Dalai Lama 2006 dezidiert für den Artenschutz und gegen die Verwendung von Tiger- und Leopardenfellen an tibetischen Trachten ausgesprochen hatte, nahm dieser Schwarzhandel ab.

Yaks sind das klassische Transportmittel für schwere Lasten über hohe Pässe. Auch Ponys und gelegentlich Mulis werden als Tragtiere eingesetzt. Sie haben den Vorteil, deutlich schneller zu gehen als Yaks, allerdings können sie nicht so schwer tragen. In den Wochen vor dem Dashain-Fest werden Tausende von Ziegen und Schafen aus Tibet nach Nepal getrieben, wo sie als Opfertiere verkauft werden.

Vorhergehende Doppelseite: Nach Simikot weitet sich das Tal des Karnali mit fruchtbaren Seitentälern.

Fingerhirse, eines der Grundnahrungsmittel im Himalaya, wird auch noch auf kargen Böden bis in Höhen von über 2300 Metern angebaut. Die Ähren der Hirse werden meist von Frauen mit einem kleinen Sichelmesser geerntet, während das Stroh erst später geschnitten wird.

Nächste Doppelseite: Teilweise in mühsamer Handarbeit aus dem Fels geschlagen, windet sich der Pfad hoch über dem Tal des Karnali. Die auf ihm ziehenden Schaf- und Ziegenkarawanen bringen Getreide aus Tibet in die grenznahen nepalischen Täler.

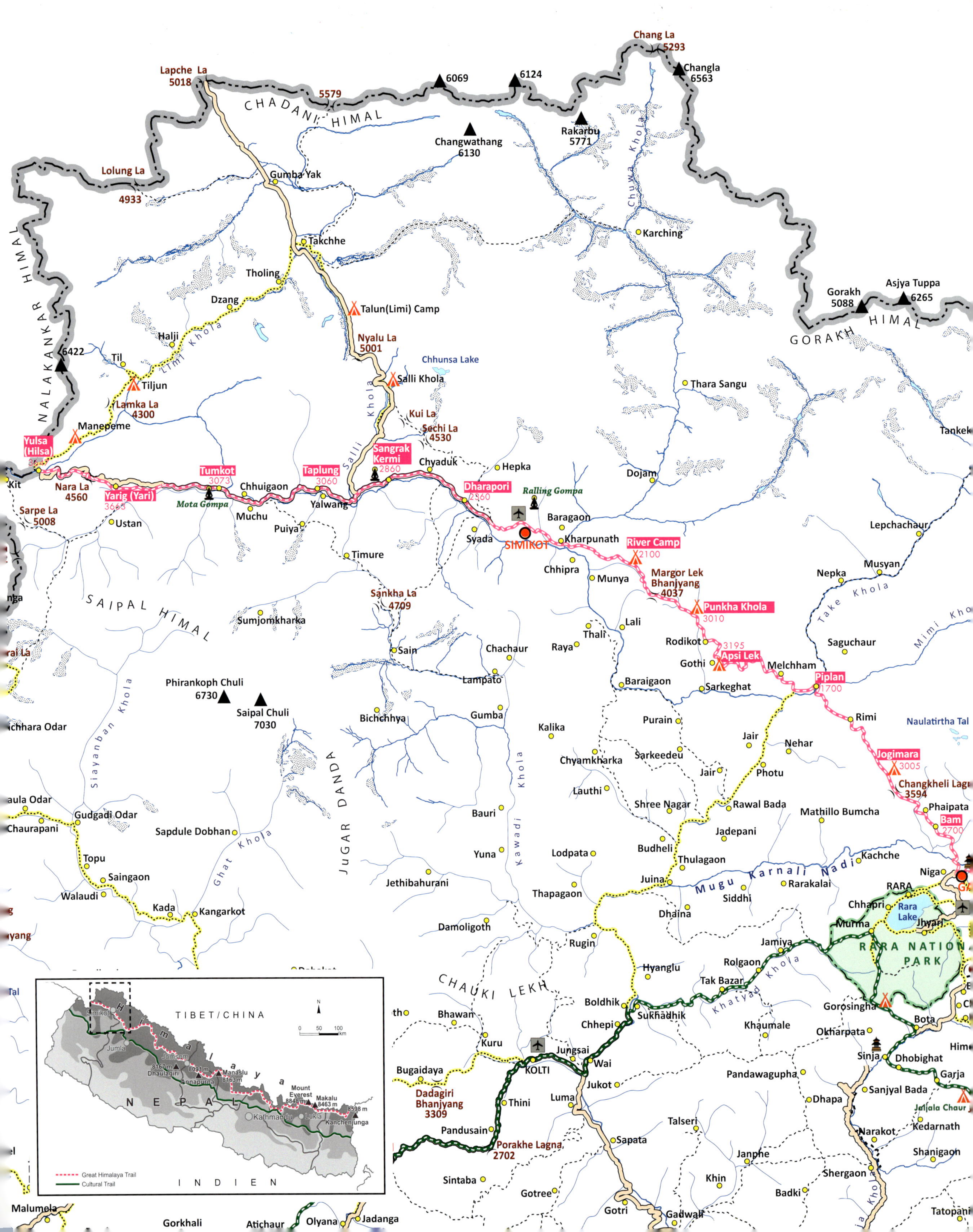

Chang La
5293
Changla
6563
Lapche La
5018
5579
6069
6124
CHADANI HIMAL
Changwathang
6130
Rakarbu
5771
Chuwa Khola
Lolung La
4933
Gumba Yak
Karching
NALAKANKAR HIMAL
Takchhe
Tholing
Dzang
Talun(Limi) Camp
Gorakh
5088
Asjya Tuppa
6265
GORAKH HIMAL
Halji
Limi Khola
6422
Til
Nyalu La
5001
Chhunsa Lake
Salli Khola
Tiljun
Thara Sangu
Lamka La
4300
Kui La
Sechi La
4530
Manepeme
Yulsa
(Hilsa)
Tankek
Salli Khola
Sangrak
Kermi
2860
Chyaduk
Hepka
Dojam
Tumkot
3073
Taplung
3060
Kit
Nara La
4560
Chhuigaon
Yarig (Yari)
3665
Mota Gompa
Yalwang
Dharapori
2560
Ralling Gompa
Sarpe La
5008
Muchu
Baragaon
Ustan
Puiya
Syada
SIMIKOT
Kharpunath
River Camp
2100
Lepchachaur
Timure
Chhipra
Munya
Margor Lek
Bhanjyang
4037
Nepka
Musyan
Take Khola
Sankha La
4709
Punkha Khola
3010
SAIPAL HIMAL
Sumjomkharka
Lali
Thali
Mimi Khola
Rodikot
3195
Saguchaur
Sain
Chachaur
Raya
Apsi Lek
Gothi
Melchham
Lampato
Baraigaon
Piplan
1700
Sarkeghat
Phirankoph Chuli
6730
Saipal Chuli
7030
Siayanban Khola
Bichchhya
Gumba
Kalika
Purain
Rimi
Naulatirtha Tal
Jair
Nehar
Chyamkharka
Sarkeedeu
Jogimara
3005
Jair
Photu
Changkheli Lagna
3594
JUGAR DANDA
Kawadi Khola
Lauthi
aula Odar
Gudgadi Odar
Chaurapani
Shree Nagar
Rawal Bada
Phaipata
Bauri
Mathillo Bumcha
Bam
2700
Sapdule Dobhan
Jadepani
Topu
Ghat Khola
Budheli
Yuna
Lodpata
Thulagaon
Kachche
Saingaon
Juina
Mugu Karnali Nadi
Jethibahurani
Rarakalai
Niga
Walaudi
Thapagaon
Siddhi
RARA
Chhapri
Rara Lake
Kada
Kangarkot
Dhaina
Murma
Jhyari
Damoligoth
Rugin
Jamiya
RARA NATIONAL PARK
Hyanglu
Rolgaon
CHAUKI LEKH
Tak Bazar
Khatyad Khola
Boldhik
Gorosingha
Bhawan
Sukhadhik
Chhepi
Khaumale
Bota
Okharpata
Kuru
Jungsai
Sinja
Dhobighat
Wai
KOLTI
Bugaidaya
Pandawagupha
Garja
Jukot
Dadagiri
Bhanjyang
3309
Thini
Luma
Sanjyal Bada
Dhapa
Jaljala Chaur
Talseri
Pandusain
Narakot
Kedarnath
Porakhe Lagna
2702
Sapata
Janphe
Shanigaon
Khin
Shergaon
Sintaba
Gotree
Badki
Gotri
Gadwali
Tatopani
Malumela
Gorkhali
Atichaur
Olyana
Jadanga
TIBET/CHINA
Simikot
Jumla
Jomsom
8167 m
Dhaulagiri
8091 m
Annapurna
Manaslu
8163 m
Himalaya
Mount
Everest
8848 m
Makalu
8463 m
8598 m
Kanchenjunga
Kathmandu
Lukla
NEPAL
INDIEN
N
0 50 100
km
Great Himalaya Trail
Cultural Trail

TREKKING HUMLA – KARNALI – LIMI

GHT

Eine Nebenstrecke des GHT führt von Jumla über den Rara-See nach Simikot und weiter bis zur tibetischen Grenze bei Hilsa. Wer sich den Abschnitt Far West sparen möchte, kann diesen Ort auch als Anfangs- oder Endpunkt des GHT betrachten.
Die Schwierigkeiten sind gering; aufgrund der relativ niedrigen Höhe (höchster Punkt ist der Nara La mit 4560 m) kann der Trekk meist auch während der Wintermonate von September bis Juni als Zelttrekking durchgeführt werden. Teilweise ist auch einfachstes Homestay möglich.
Dauer: 10 Tage

Karnali – Limi

Über Simikot am Karnali entlang des uralten, belebten Handelswegs, auf dem einem auch heute noch häufig Karawanen begegnen, die den Warenaustausch mit dem tibetischen Handelszentrum Purang bewerkstelligen. Von Hilsa an der Grenze in das abgelegene, ganz tibetisch beeinflusste Limi-Tal und zurück über Nyalu Lagna nach Simikot (Flughafen).
Schwierigkeit: mäßig
Höchster Punkt: Nyalu La (5001 m)
Übernachtung: nur als Zelttrekking durchführbar
Start und Ziel: Simikot (nur per Flugzeug zu erreichen oder in Kombination mit dem oben erwähnten GHT-Abschnit Jumla – Rara)
Dauer: 2 Wochen ab Simikot
Reisezeit: April bis Juni, September bis Mitte November

Camp vor dem Nara La (4560 m), dem letzten Pass vor der tibetischen Grenzstation.

FAR WEST – API

Die im äußersten Westen Nepals gelegenen Distrikte werden nicht nur von Touristen kaum besucht, man hat auch das Gefühl, dass die Regierung in Kathmandu sie vergessen hat. Die Gegend ist teilweise klimatisch benachteiligt, die Böden sind weniger fruchtbar. Die medizinische Versorgung und die Möglichkeit zur Schulbildung sind hier noch geringer als im übrigen Land. Für den Besucher ergibt sich daraus aber auch die Chance, die Region weitgehend unberührt von westlichen Einflüssen erleben zu können. Diesem Gebiet fehlt zwar die gigantische Kulisse der Sieben- und Achttausender, aber die Unberührtheit und Abgeschiedenheit entschädigt den Besucher allemal!

Über Jumla und den Rara-See, dessen Umgebung an die Schweizer Alpen erinnert, sind wir unterwegs nach Darchula am Mahakali, dem Grenzfluss zu Indien. Da genug Zeit eingeplant ist, können wir uns einen Abstecher zu dem etwas weiter südlich gelegenen Khaptad-Nationalpark erlauben, der teilweise zum Distrikt Achham gehört.

Es ist später Vormittag, über Hunderte Stufen steigen wir in der heißen Sonne zu einem größeren Dorf auf, dessen Häuser fast alle nur mit Stroh bedeckt sind. Nur wenige haben Dächer aus Schieferplatten oder sogar aus kostbarem Wellblech. Etwas außerhalb des Dorfes, auf einer der halbwegs ebenen Flächen, stehen zwei Schulgebäude, ohne Türen und Fenster, errichtet aus einfachem, mit Lehm verfülltem Trockensteinmauerwerk, aber immerhin geschützt von einem blau gestrichenen Blechdach, das den Monsunregen abhalten kann. Die Kinderstimmen, die – wie hier üblich – gemeinsam Lehrsätze oder Antworten nachsprechen, sind weithin hörbar. Neugierig geworden, gehen wir den kleinen Umweg über die Schule. Zwei Lehrer und eine junge Lehrerin führen uns herum, und die Abc-Schützen zeigen uns stolz ihre zerfledderten Schulbücher, bevor sie in die Mittagspause entlassen werden. Das gibt uns Gelegenheit, mit Dwarika, der Lehrerin, die relativ gut Englisch spricht, ein wenig über ihren Beruf und ihr Leben in diesem abgeschiedenen Dorf zu plaudern.

Erstaunt und fast ängstlich bestaunen Mutter und Sohn den Besucher. Vielleicht hat der Junge noch nie einen Touristen zu Gesicht bekommen.

Das Empfangskomitee von Dumlin, oberhalb des Mahakali, an der Grenze zu Indien.

Sie stammt aus Mahendranagar, einer Stadt nahe der indischen Grenze, und wurde vor einem Jahr hierher versetzt – alles andere als begeistert. Doch es ergab sich für sie die Möglichkeit, an einem Projekt der Organisation „Save the children Norway" mitzuarbeiten, die es sich zum Ziel gesetzt hat, in der Provinz Achham Mädchen und Frauen bei der Überwindung des *Chhaupadi*-Systems (siehe Seite 236) zu helfen.

Mehr als zwei Wochen ist es jetzt her, dass wir am Rara-See den letzten Trekker getroffen haben, je weiter wir nach Westen kommen, umso trockener wird die Landschaft. Längst vorbei sind die ausgedehnten Tannenwälder, häufig zeigen sich nur trockenes Buschwerk und Sukkulenten. Die Bauern können sich nicht allein auf den Monsunregen verlassen, sondern müssen durch aufwändige Bewässerungsanlagen die Versorgung ihrer Felder sicherstellen. Trotz allem ist auch diese Gegend dicht besiedelt, entlang der Flusstäler reihen sich Weiler und Dörfer aneinander.

Deutlich ärmer als in vielen anderen Gegenden Nepals erscheint die Bevölkerung, umso freundlicher bestaunt werden wir hier nicht nur von den Kindern, von denen kein einziges bettelt, auch die Erwachsenen fragen sich, warum wir wohl ausgerechnet durch ihr Dorf kommen. Nur vereinzelt kreuzen wir neu angelegte Wege, die oft nur in der Trockenzeit mit Lkws, Bussen oder Jeeps befahrbar sind. In dieser wohl ärmsten Gegend des Landes hatten während des Bürgerkrieges ab 1996 über etwa zehn Jahre die Maoisten die Macht, die Armee musste sich aus großen Teilen zurückziehen, und von Kathmandu kam kein Geld mehr in diese abtrünnige Provinz, die vorher schon zum Armenhaus des Landes gehört hatte.

Von der Wasserscheide an der tibetischen Grenze kommend, schneidet der mächtige Seti River

durch enge Schluchten, bis er weitere Talgründe findet und in einer großen Flussschleife Platz für das kleine Städtchen Chainpur macht. In der Nähe hat ein indisch-nepalisches Konsortium ein 450-Megawatt-Kraftwerk errichtet, das Teile Westnepals mit Strom versorgt.

In den engen Gassen des Basars wollen wir noch einmal die Vorräte für die letzten Tage unserer Tour ergänzen. Bei einem Schwatz mit dem Händler, der nach dem Wohin und Woher fragt, erfährt unser Guide, dass auf dem 4698 Meter hohen Pathar Rashi Bhanjyang, den wir überqueren wollten, schon Schnee liegt. Wir werden unsere Pläne ändern müssen! Glücklicherweise haben wir Karten im Maßstab 1:50.000 dabei, die wir nun auf einem kleinen Tischchen im Basar ausbreiten. Bald umringt uns eine neugierige Menge, jeder kann einen Kommentar oder guten Ratschlag geben, und schließlich finden wir als Alternative den etwas südlicher gelegenen Mahal-Pass, der mit seinen 4347 Metern noch gangbar ist. Das versichert uns jedenfalls ein alter, hagerer Träger, der ihn erst vor einigen Tagen, von Ghusa kommend, überschritten hat.

Fünf Tage später stehen wir dann am Mahakali River, dem Grenzfluss zu Indien, und quartieren uns in Darchula ein, einer kleinen Grenzstation, die nicht wirklich zum Verweilen einlädt. Leider ist der Grenzübertritt nach Indien für Touristen hier nicht möglich, sonst könnte man sich die umständliche Rückfahrt nach Kathmandu sparen und auf der gegenüberliegenden Talseite auf der relativ gut ausgebauten Straße in einem Tag bis nach Delhi kommen. So müssen wir aber noch eine fast zwei Tage dauernde, ermüdende Jeepfahrt auf holprigen Wegen und Straßen auf uns nehmen, bevor wir von Mahendranagar den Rückflug nach Kathmandu antreten können.

Seitdem die Chinesen den alten Pilger- und Handelsweg über den Tinkar La (5258 m) geschlossen haben, ist Tinkar nur noch im Sommer von Hirten bewohnt, die hier oben Vieh auf die Almwiesen bringen. Über den nahegelegenen Lipu Lekh (5334 m) wird noch ein bescheidener lokaler Handel zwischen Tibet und Indien abgewickelt.

CHHAUPADI PRATHA: FRAUEN AM RAND DER GESELLSCHAFT

Chhaupadi pratha ist eine seit Jahrhunderten praktizierte Tradition in großen Teilen des westlichen Nepals. Sie beruht auf der Vorstellung, dass Frauen während der Menstruation unrein und unberührbar seien. Hintergrund dafür sind tradierte Reinheitsvorstellungen, die sich in den stark patriarchalisch strukturierten hinduistischen Gesellschaften verfestigt und zu extremen Einschränkungen für die Frauen geführt haben. Unverheiratete Frauen sind für eine Woche, verheiratete Frauen für drei bis vier Tage und Mütter nach einer Entbindung zehn bis zwölf Tage von sozialen Kontakten ausgeschlossen. Sie dürfen niemanden berühren und auch nicht die Wohnräume des Hauses betreten. Häufig müssen sie sich in Viehställen verkriechen oder in sogenannten *Ghots,* offenen, dreckigen Hütten, meist kleiner als zwei mal zwei Meter. Manche suchen auch außerhalb der Dorfgemeinschaft in kleinen Laubhütten oder unter Felsüberhängen im Wald Schutz, notdürftig durch dünne Decken gewärmt. Eine unwürdige Situation, die Frauen zusätzlich Infektionskrankheiten aussetzt. Immer wieder verbluten Mütter nach einer Entbindung, und die Säuglingssterblichkeit ist unter diesen katastrophalen Verhältnissen extrem hoch. Nicht selten wird die Situation von Männern schamlos ausgenutzt, sogar Vergewaltigungen kommen vor.

Auch bei den im Kathmandu-Tal beheimateten Newar gibt es Bräuche, die sich auf die rituelle Unreinheit der Menstruation beziehen, sie folgen aber in keiner Weise so extremen Regeln wie im Westen des Landes. Zwar dürfen Frauen auch dort während ihrer Periode nicht zu den öffentlichen Waschplätzen, dürfen keinen Reis kochen und ihren Mann nicht berühren. Erst nach einem rituellen Bad sind sie auch wieder spirituell rein. Aber es wird ihnen nie die Unterkunft im eigenen Haus verwehrt.

Diese Tabuisierung der Menstruation und des Wochenbetts geht auf eine Überlieferung der Veden zurück: Demnach wurde der vedische Götterkönig Indra wegen eines Mordes an einem Brahmanen-Priester verflucht und gab diese Schuld an alle Frauen weiter, die mit der Menstruation stigmatisiert wurden.

Neben der Separation müssen menstruierende Frauen noch weitere Einschränkungen erdulden: Ihnen ist der Zugang zum Dorfbrunnen verwehrt und sie dürfen keine Milch oder Milchprodukte zu sich nehmen, da dies gemäß der tradierten Vorstellungen zur Trockenheit der Kuh führen würde, von der diese Milch stammt. Auch Bäume, die sie berühren, würden in Zukunft keine Frucht mehr tragen. Noch dazu erhalten die Frauen in dieser Zeit körperlicher Schwäche weniger Nahrung: Sie dürfen sich lediglich von getrockneten Nahrungsmitteln, Reisflocken und Salz ernähren. Halten sie sich nicht

an diese uralten Regeln und erzürnen die Götter, würden die Bewohner des Hauses und die Tiere erkranken oder sogar sterben. Auch ist es den Frauen verboten, Tempel zu besuchen, um sie nicht zu entweihen. Mädchen wird zudem häufig der Schulbesuch versagt.

2005 hat der Oberste Gerichtshof in Kathmandu diese Praxis ausdrücklich verboten, trotzdem kann man davon ausgehen, dass in den ländlichen Gebieten wie Achham bis zu 90 % der Frauen nach wie vor *Chhaupadi* praktizieren. Aber auch in anderen Regionen wie Humla und Jumla ist diese Sitte nicht unbekannt. Mit einem Bruch dieser Tradition würden sich die Frauen aus der Gesellschaft ausschließen, die sie doch trägt und in der sie sich geborgen fühlen. Es gibt auch Frauen, die angeben, dass sie die Tage in Abgeschiedenheit bzw. in Gesellschaft anderer Frauen entspannt genießen würden. Es wird also noch einige Zeit dauern, bis sich dieser alte Brauch überlebt hat. Vielleicht gelingt es der jüngeren Generation, zumindest eine abgemilderte Form von *Chhaupadi* durchzusetzen, wie z. B. einen separaten Raum in den Wohnhäusern zu schaffen oder eigene Frauenhäuser in den Dörfern zu errichten, wie sie von einigen Hilfsorganisationen propagiert werden.

Damit nicht genug: Mädchen und junge Frauen sind auch oft Opfer krimineller Banden und von Menschenhändlern. Jährlich werden ca. 12.000 von ihren Familien regelrecht verkauft und nach Indien an Bordelle verschachert. Nicht wenige von ihnen kehren Jahre später, HIV-infiziert, in die Heimatdörfer zurück. Andere müssen unter sklavenartigen Bedingungen als Haushaltshilfen in arabischen Ländern dienen, bis sie ohne Entlohnung wieder in ihre Heimat zurückgeschickt werden.

Obwohl auch in Nepal seit über zehn Jahren per Gesetz verboten, wird in der patriarchalisch strukturierten orthodoxen Hindu-Gesellschaft im äußersten Westen Nepals nach wie vor *Chhaupadi* praktiziert. In einem Gedankengebäude von körperlicher und spiritueller Reinheit bzw. Unreinheit werden Mädchen und Frauen während der Menstruation und im Anschluss an eine Geburt dazu gezwungen, sich aus dem gesellschaftlichen und familiären Leben zurückzuziehen.

Vorhergehende Doppelseite: Obwohl es hier schon einmal eine einfache Stromversorgung gab, ist das abgelegene Tinkar mittlerweile den größten Teil des Jahres verwaist. Neben dem benachbarten Gaga ist es das am weitesten nördlich gelegene Dorf Nepals.

Die aufwändigen Holzschnitzereien an den Türen und Fenstern in Tinkar zeugen vom einstigen Wohlstand der früher hier ansässigen Händler.

Nächste Doppelseite: Hindu-Schrein am Fuße des Mount Api (7132 m). Seit undenklichen Zeiten ziehen durch diese Gegenden hinduistische Pilger zu dem auch ihnen heiligen Berg Kailash in Tibet.

API NAMPA CONSERVATION AREA
KHAPTAD NATIONAL PARK
DARCHULA
CHAINPUR
MARTADI
DIPAYAL
NALAKANKAR HIMAL
SAIPAL HIMAL
GURAS HIMAL
BYASRISI HIMAL
LIPU DANDA
BAKIYA LEKH
JUGAR DANDA
Api 7132
Saipal Chuli 7030
Phirankoph Chuli 6730
Yulsa (Hilsa)
Tumkot
Taplung
Sangrak Kermi
Yarig (Yari)
Mota Gompa
Api B.C.
Bichpani Camp
Khaptad Daha
Surma Sarovar Tal
Seti Nadi
TIBET/CHINA
NEPAL
INDIEN
Himalaya
Great Himalaya Trail
Cultural Trail

TREKKING FAR WEST – API

GHT

Dieser eher leichte Abschnitt des GHT verläuft vom Rara-See durch landschaftlich reizvolle, dicht bewohnte Gegenden mit reichlich Kontaktmöglichkeiten zur lokalen Bevölkerung, weicht gelegentlich über niedrige Pässe (nie über 3500 m) aus und endet schließlich in Darchula an der nepalisch-indischen Grenze. Der äußerste Westen Nepals ist vom Tourismus weitgehend unbeleckt – es gibt keine Lodges. Außer einzelnen Expeditionen zu Api oder Saipal sind nur ganz wenige Besucher unterwegs, und das unter einfachsten Bedingungen! Das Handicap der umständlichen und langwierigen Anreise per Bus über den Terai oder per Inlandsflug von Kathmandu über Nepalgunj und Mahendranagar hält viele Besucher ab. Meist folgt noch eine aufreibende Jeepstrecke bis Darchula.
Aufgrund der Höhenlage und weil der Westen des Landes insgesamt niederschlagsärmer ist als der Osten, kann die Region von Oktober bis Juni bereist werden. Nur bei ungünstigen Bedingungen liegt Schnee auf den Pässen.
Dauer: 3 Wochen

Api Basecamp

Der 7132 Meter hohe Api im äußersten Nordwesten gehört zwar nicht zu den höchsten Gipfeln Nepals, ragt aber umso markanter aus seiner Umgebung heraus, die aus deutlich niedrigeren Bergketten besteht. Ein wenig vergessen und im Abseits stehend, aber gerade dadurch von besonderem Reiz in einer kaum besuchten Gegend!
Schwierigkeit: mittel
Höchster Punkt: 4250 Meter im Basislager
Übernachtung: nur als Zelttrekking möglich
Start und Ziel: Dhangadhi (Flug von Kathmandu), weiter mit Jeep über Baitadi nach Darchula und denselben Weg zurück
Dauer: ca. 20 Tage
Reisezeit: September/Oktober und Mai/Juni

Khaptad-Nationalpark: vor allem für Vogelliebhaber interessant (Eintritt US$ 30.–). Zelttrekking. In einzelnen Dörfern auch Lodges vorhanden.

Die indoarische Gruppe der Khas (rechts) herrschte einst über ein großes Gebiet, das weit über die Grenzen Nepals im Westen hinausging.

ORTSREGISTER

Die Schreibweise geographischer Bezeichnungen in Nepal variiert oft von Buch zu Buch und von einer Karte zur nächsten. Verschiedene einheimische Sprachen sowie Wissenschaftler aus unterschiedlichen Herkunftsländern: Alles das hat dazu beigetragen, Bezeichnungen und Schreibweisen von Ortsnamen unübersichtlich zu machen. Wir haben uns dazu entschlossen, im vorliegenden Buch die Bezeichnungen zu übernehmen, die in den abgedruckten Ausschnitten des Kartenmaterials zum GHT verwendet werden. Gelegentlich werden zur Erläuterung weitere Bezeichnungen angeführt.

MEIN DANK GILT

Jean-Claude Latombe, der mir großzügig wunderbares Bildmaterial, vor allem aus Westnepal, zur Verfügung stellte und mich mit Informationen unterstützte.

Robin Boustead, der mit Auskünften über den GHT weiterhalf und das Kartenmaterial bereitstellte.

Marjory Byron-Moore (†), die 1969 mit mir über Land nach Kathmandu fuhr und mit der wir zahlreiche Reisen unternahmen.

Doma Lama, deren Haus Namaste in Kathmandu unser perfektes Basislager während vieler Reisen war.

Ang Kami Sherpa, der mit seiner Agentur „Matterhorn Treks & Expedition" unsere Trips seit Jahren immer optimal vorbereitet und durchführt. Seine Mannschaften mit Sirdar, Koch und Trägern haben jeweils ihr Bestes gegeben und uns nie enttäuscht.

Kalyan Rai, unserem langjährigen Führer und Begleiter, der jetzt das Kinderhaus in Bhandar leitet und uns immer als verlässliche und unerschöpfliche Informationsquelle diente.

Viele Freunde waren mit Rat und Tat bei der Entstehung des Buches zur Stelle, gaben Anregungen und konstruktive Kritik.
Die Zusammenarbeit mit Verlag und Grafik hat vom ersten bis zum letzten Tag Spaß gemacht!

Bedanken und zugleich entschuldigen möchte ich mich auch bei Julia und Fabian, die wir wegen unserer Reisen schon früh und oft genug zurückließen. Mein schönster Trekk war unser gemeinsamer „Familienausflug" zum Makalu.

Umschlaggestaltung, Layout und digitale Gestaltung: Studio HM, Hall in Tirol
Titelbilder: Blick auf Patrasi und Kanjiroba Himal (oben); alte Lhomi-Frau mit typischem Kopfschmuck.
Seite 2: *Gorung* werden derartige, in Holzschnitttechnik einzeln hergestellte Schutzbilder mit Darstellungen von Geistern oder Dämonen genannt, die häufig an den Hauseingängen angebracht werden.
Seite 4: *Om mani padme hum:* Das allgegenwärtige Mantra der tibetischen Buddhisten auf einem Mani-Stein, geschrieben in zwei verschiedenen Schriftbildern.
Soweit nicht anders angegeben, stammen alle Abbildungen vom Autor.
Abbildungen Seite 36, 54 (links), 74, 88, 89, 90/91, 94, 122/123, 131, 234, 235, 238/239, 240, 241, 242/243, 245: © Jean-Claude Latombe; Seite 76/77: Fabian Höss; Seite 114: Carsten Müller; Seite 169: © Snow Leopard Trust/ Matthias Fiechter; Seite 197: © Raimond Klavins
Kartenausschnitte: © Robin Boustead & Himalayan Map House, www.greathimalayatrails.com
Lithografie: Artilitho, Trento (I)
Druck und Bindung: Gorenjski-Tisk, Kranj (Slowenien)
ISBN 978-3-7022-3625-0
E-Mail: buchverlag@tyrolia.at
Internet: www.tyrolia-verlag.at